Paris França é excitante e calma. Eu tinha apenas quatro
nos na primeira vez em
ue estive em Paris e fa-
ei francês ali e fui foto-
rafada ali e fui para a
scola ali pa no
afé ali e ernil
e carneiro com espina-
e, s mpre gostei de es-
in e, e um gato preto
ulou nas costas da mi-

Paris França

Gertrude Stein

Paris França

Tradução
Sônia Coutinho

JOSÉ OLYMPIO
EDITORA

Reservam-se os direitos desta edição à
EDITORA JOSÉ OLYMPIO LTDA.
Rua Argentina, 171 – 1º andar – São Cristóvão
20921-380 – Rio de Janeiro, RJ – República Federativa do Brasil
Tel.: (21) 2585-2060 Fax: (21) 2585-2086
Printed in Brazil / Impresso no Brasil

Atendemos pelo Reembolso Postal

ISBN 978-85-03-00912-6

Capa: Isabella Perrotta / Hybris Design

CIP-Brasil. Catalogação-na-fonte
Sindicato Nacional dos Editores de Livros, RJ.

Stein, Gertrude, 1874-1946
S833p Paris França / Gertrude Stein; tradução de Sônia Coutinho. – Rio de Janeiro: José Olympio, 2007.
(Sabor literário)

Tradução de: Paris France
ISBN 978-85-03-00912-6

1. Stein, Gertrude, 1874-1946 – Viagens – Paris (França). 2. Características nacionais francesas. 3. Paris (França) – Descrições e viagens. I. Coutinho, Sônia, 1939- . II. Título. III. Série.

CDD – 818
07-0447 CDU – 821.111(73)-8

SUMÁRIO

Nota da editora 7

Apresentação: O lugar certo 9

Primeira parte 33
Segunda parte 41
Terceira parte 59
Quarta parte 97

NOTA DA EDITORA

O estilo de Gertrude Stein é inconfundível e inovador. Decorre da técnica do fluxo de consciência, que leva a uma sintaxe e uma pontuação mais associativas do que gramaticalmente formais. Outras obras e autores célebres usaram o chamado *stream-of-consciousness*, como *Ulisses* de James Joyce, *Miss Dalloway* de Virgina Woolf, *O som e a fúria* de William Faulkner. Era o modernismo que chegava às letras.

No caso de Miss Stein, não qualquer faceta do modernismo. Para o escritor e crítico Silviano Santiago, trata-se de uma "escrita cubista, transposição literária do que Pablo Picasso, amigo da escritora, fazia nas telas".

O paralelo com o cubismo também é feito pelo estudioso Richard Kostelanetz, autor de *The Getrude Reader*. "Assim como o cubismo trouxe uma reorganização do espaço visual", afirma, "Getrude Stein revisitou o enquadramento da literatura." Kostelanetz explica que na maior parte dos textos a escritora mostrou resistência às representações e definições de palavras, em favor do impulso de descrições abstratas. Suas frases são obscuras e, mesmo, oblíquas, mas delas depreendem-se sensações e associações diversas.

Entretanto essas peculiaridades de estilo são um desafio para a tradução. Até por isso, há poucas versões brasileiras dos livros de Gertrude Stein. A Coleção Sabor Literário traz ao público a pequena preciosidade de *Paris França*. Nele, buscou-se a maior fidelidade estilística possível, sobretudo no que diz respeito à pontuação — muito livre, desigual e assimétrica —, mas também a outras particularidades, como a grafia dos séculos por extenso (século vinte, e não século XX, por exemplo) e a não utilização do itálico em palavras estrangeiras ou em títulos de obras.

APRESENTAÇÃO

O LUGAR CERTO

Gertrude Stein (1874-1946) começou a escrever *Paris França* no verão de 1939, pouco antes do início da Segunda Guerra Mundial, que eclodiria em setembro daquele mesmo ano. Nesta época, ela já estava vivendo na França havia quase quatro décadas. Nascida no estado da Pensilvânia e criada na Califórnia, mudou-se para Paris no início do século XX, passando a viver com seu irmão, Leo Stein, na residência, hoje mítica, localizada na rue de Fleurus, 27. Ali os irmãos colecionavam quadros de pintores como Renoir, Cézanne, Gauguin, Maurice Denis, Picasso, Matisse, André Derain, Braque e Juan Gris, dentre outros. E organizavam regularmente reuniões que atraíam intelectuais, escritores e artistas, todos vivendo na cidade e contribuindo para a grande efervescência cultural de Paris naquele período.

Em 1907, Gertrude Stein conheceria Alice Toklas, que viria a ser sua companheira de toda vida. Dois anos depois, Alice iria viver com os dois irmãos na mesma rue de Fleurus, 27 e, após um período de convívio conflituoso, Leo Stein se mudaria para a Itália. A essa altura, Gertrude Stein já começara a escrever. Seu romance de maior fôlego, *The making of Americans*, foi escrito entre os anos de 1906 e 1908 (mas só seria publicado pela primeira vez em 1925). Em 1909 publicaria *Três vidas*. Seguiriam-se, então, *Tender buttons*, *Useful knowledge* e *Geography and plays*, para citar apenas algumas obras dessa época.

Para a autora de *Paris França*, os escritores deveriam ter dois países: "aquele onde nasceram e o outro onde de fato vivem", como explica no livro. Gertrude Stein e Alice Toklas costumavam viajar muito. E não só pela França. Por volta de 1928, as duas alugariam uma casa de campo na região do Rhône-Alpes, na França, mais especificamente na vila de Bilignin, habitada por não mais do que vinte famílias e perto da cidadezinha de Belley, onde passariam a residir seis meses por ano. Mas, mesmo antes de alugarem a casa de Bilignin, costumavam passar os verões na Espanha. Numa dessas viagens, escolheram conhecer Ávila, Madri, Toledo, Cuenca e Granada. Noutra ocasião, resolveram visitar uma região ainda pouco conhecida: Mallorca. A escritora costumava dizer que a região fora "descoberta" por elas e por seu amigo William Cook. A Itália também serviria às duas de refúgio. Na volta de um dos verões passados na Espanha, partiram quase que imediatamente para a Itália a convite de uma amiga. Durante as temporadas longe de Paris, no entanto, Gertrude Stein mantinha seu ritmo de trabalho. Alguns dos textos publicados no volume *Geography and Plays* são associados ao "período de Mallorca", e é possível notar em muitos deles uma interferência nítida do lugar na escrita. A capital francesa, no entanto, sempre foi para ela sua "casa". Mesmo estando longe, sabia que Paris e sua residência estavam lá, esperando por ela.

E era na rue de Fleurus, 27 que as reuniões de sábado continuariam a acontecer, mesmo depois da partida de Leo Stein para a Itália, e elas se tornariam cada vez mais conhecidas. Na década de 1920, muitos escritores ansiavam por uma visita a essa já famosíssima residência e principalmente para conhecerem Gertrude. Sylvia Beach, no seu livro *Shakespeare and company,* sobre a livraria que mantinha em Paris, conta que "os admiradores de Gertrude Stein", enquanto não a conheciam e descobriam o quanto ela era afável, costumavam ficar com medo de aproximar-se sem a devida proteção. Então, conta Beach, "os pobrezinhos recorriam a mim, como se eu fosse alguma espécie de guia de turismo, e imploravam que os levasse para ver Gertrude Stein".

O escritor americano Sherwood Anderson foi um dos que teriam pedido a Sylvia que o levasse para conhecê-la, cuja obra teria exercido grande influência sobre sua escrita. Ainda segundo ela, o encontro foi "um verdadeiro acontecimento", pois a "deferência de Sherwood e a admiração que expressou pelo estilo da escritora agradaram-na muito e deixaram-na visivelmente emocionada."

Sylvia Beach ainda menciona em seu livro algumas das "regras" que deveriam ser seguidas pelos freqüentadores da casa de Stein e Toklas. A mais evidente: enquanto Gertrude Stein conversava com os escritores, Alice deveria manter as esposas afastadas da conversa. A mulher de Sherwood, Tennessee, teria ficado bastante decepcionada com isso, e procurara resistir aos convites de Alice para "ver algo no outro lado da sala." Sherwood Anderson e Gertrude Stein acabaram por tornar-se muito amigos, e ela escreveria em 1922 "*A valentine to Sherwood Anderson* *", como um agradecimento a Anderson pela introdução escrita por ele para o volume *Geography and plays*.

Depois de alugada a casa de Bilignin, Gertrude e Alice passariam a receber amigos e jovens escritores também na casa de campo. O escritor e compositor Paul Bowles,

*O poema pode ser escutado numa gravação da própria Gertrude Stein no endereço http://www.ubu.com/sound/stein.html

por exemplo, passou duas semanas hospedado com elas, no verão de 1931. Ele relata, em seu livro *Without stopping*, que era obrigado a correr pelo gramado para que o cachorro Basket corresse atrás dele e se exercitasse. "Era o que ela queria e eu era o convidado. Então eu tinha de fazer o que ela queria", conta Bowles, que também era obrigado a tomar banho com água gelada todos os dias de manhã. Gertrude Stein ficava na porta do quarto dele ouvindo o barulho da água para se certificar de que ele estava mesmo tomando banho. O próprio Bowles, entretanto, conta que, na verdade, fingia banhar-se, apenas mexendo na água para que ouvissem o barulho, já que ele não suportava banho gelado. Foi também a viajante autora de *Paris França* quem sugeriu a Bowles que fosse visitar Tânger, para onde o escritor acabaria se mudando permanentemente em 1947.

Gertrude Stein escreveu quase sem interrupções. As dificuldades que enfrentava, porém, para publicar seus textos levaram Alice Toklas a ter a idéia de criarem uma editora, a *Plain Editions*. Um dos seus quadros de Picasso foi vendido para financiar o empreendimento. A principal meta era publicar textos ainda inéditos. O primeiro foi *Lucy Church Amiably*, depois *How to write*, seguido por *Before the flowers of friendship faded friendship faded* e por *Operas and plays*. Para sustentar a *Plain Editions*, no entanto, era preciso que a autora escrevesse um livro que atendesse às demandas de um público maior. Alice Toklas não achava que Gertrude Stein devesse vender mais um quadro, e sim escrever algo de apelo mais popular, ao que Alice recebe a sugestão de escrever uma autobiografia contando os anos em que viveu ao lado dela, Gertrude. Toklas se recusa e Gertrude Stein decide então escrever ela mesma a *Autobiografia de Alice B. Toklas*. Na *Autobiografia*, a autora dá voz a Alice e se esforça inclusive por abandonar seu próprio estilo e escrever como se Alice estivesse redigindo o livro. Publicada em 1933, a *Autobiografia*, recheada de histórias envolvendo Pablo Picasso, Juan Gris, Ernest Hemingway, Sherwood Anderson, Guillaume Apollinaire, dentre muitas outras personalidades, faria realmente um enorme sucesso.

Nos Estados Unidos, a escritora se tornaria uma celebridade. Foi, então, convidada para fazer uma turnê pela América, dando palestras em diversas universidades. Esta foi a única vez em que voltou ao seu país de origem, depois de trinta anos morando na França. Lá ela foi recebida como uma espécie de "estrela" literária e seria convidada para festas e jantares com outras celebridades. Já de volta à França, depois de muito viajar pela América, escreveria sua segunda autobiografia: *Autobiografia de todo mundo*. E explicaria de uma certa maneira o título abrangente escolhido para o livro: "Alice B. Toklas fez a dela e agora todo mundo fará a sua".

Nesta segunda autobiografia, discorre-se sobre diversos temas, dentre eles, o próprio status de celebridade. Diz ela: "É maravilhoso ser uma celebridade, mas uma celebridade mesmo, que decide com quem se encontrar e diz isso e as pessoas vêm ou não conforme você desejar." O livro relata os efeitos do sucesso da *Autobiografia de Alice B. Toklas*, as mudanças que este sucesso acarretou para ela, a ida para os Estados Unidos e toda a excursão pela América, e, em seguida, a volta para a França. Nesta segunda autobiografia, aparecem também novos personagens. Dashiell Hammett, Charlie Chaplin e Thornton Wilder são alguns deles. As histórias são entremeadas por reflexões sobre os mais variados assuntos: a literatura e os gêneros literários, a língua inglesa e a francesa, a memória, a duração e a passagem do tempo, o efeito do sucesso num escritor muito jovem, dentre outros temas. Gertrude Stein chega a discutir até mesmo a autobiografia enquanto gênero, pondo em dúvida que seja realmente possível escrevê-la. E brinca inclusive com a possibilidade de as histórias ali contadas não serem inteiramente verdadeiras. Logo no início do livro, por exemplo, conta uma pequena história sobre seu irmão mais velho, Mike, e o desejo dele de voltar para os Estados Unidos, depois de tantos anos vivendo na França. Ao final do relato, ela escreve: "Essa é uma história verdadeira." Ao enfatizar a realidade daquela história específica, a autora põe em dúvida, no entanto, a veracidade de muitas outras.

Paris França é também uma espécie de autobiografia. Digo que é "uma espécie" de autobiografia porque não se pode dizer que seja inteiramente um livro autobiográfico, embora comece com o relato de uma experiência pessoal sobre a primeira vez que a autora viveu em Paris, quando tinha quatro anos.

A crítica literária Ulla Dydo, no livro *Gertrude Stein: the Language That Rises*, pergunta-se no início de suas reflexões sobre a escrita steiniana: "O que Stein escreve? Romances? Peças? Poemas?" E diria, um pouco mais adiante: "A obra de Stein não se encaixa em nossas categorias (...) Sua escrita pede uma redefinição completa de gênero, representação, linguagem, leitura e escrita." De fato, é difícil classificar o gênero ao qual pertence um ou outro de seus textos. E há sempre controvérsias quanto às tentativas de classificação. No que diz respeito a *Paris França*, o livro tem sido visto como "o retrato de uma nação" por muitos de seus críticos. A começar por Janet Flanner*, que, em resenha em 1940, ano de sua publicação, observaria que o que Gertrude Stein fazia em seu livro era falar sobre "o padrão da mente francesa,

*Outros artigos de Janet Flanner sobre Gertrude Stein e personagens parisienses da época estão em *Cartas de Paris (1925-1939)*, da Editora José Olympio.

sua civilização, lógica, tradição, realismo, amor e privacidade, boa comida, família e terra". Já a resenha de Justin O'Brian, publicada na revista *The Nation*, em 27 de julho de 1940, iniciava-se com a seguinte afirmação: "Este livro poderia se chamar *Autobiografia de Paris França*, já que, como nas outras autobiografias de Gertrude Stein, ele fala mais sobre sua autora do que sobre seu objeto." O crítico está, neste caso, referindo-se ao fato de que as duas outras autobiografias de Stein, *Autobiografia de Alice B. Toklas* e *Autobiografia de todo mundo*, tratam mais de Gertrude Stein do que de Alice Toklas, ou de todo mundo (que é, na verdade, objeto impossível para uma autobiografia). Mais recentemente, Judith P. Saunders, em seu ensaio "Gertrude Stein's *Paris France* and American Literary Tradition", reclamaria que a visão do livro como o retrato de uma nação é equivocada e que, na visão dela, *Paris França* "vai muito além de um retrato literal de um lugar".

Não vem ao caso, aqui, tomar posição fechada nessas discussões sobre gênero que circundam a obra steiniana. Mas a pergunta formulada por Ulla Dydo — "O que Stein escreve?" — também permeia o pensamento do leitor de *Paris França*. A narrativa contém características do ensaio, da autobiografia, do retrato, da ficção e, ainda, da investigação. Os gêneros se misturam e se confundem. O início do livro parece apontar para um texto que irá se calcar na memória, e até mesmo numa narrativa linear, cronológica, já que começa com uma lembrança de infância:

> Paris França é excitante e calma.
> Eu tinha apenas quatro anos na primeira vez em que estive em Paris e falei francês ali e fui fotografada ali e fui para a escola ali e tomei sopa no café da manhã e almocei pernil de carneiro com espinafre, sempre gostei de espinafre, e um gato preto pulou nas costas da minha mãe. Isto foi mais excitante do que calmo.

Logo em seguida, no entanto, os gatos de Paris e da França passam a ser o assunto. E o foco muda imediatamente de objeto. Já não se fala mais da menina de quatro anos, mas sim dos gatos e logo adiante das galinhas e da diferença que haveria entre os animais franceses e os animais de outros países: "Há duas coisas que os animais franceses não fazem," conta,

> os gatos não brigam tanto e não uivam tanto e as galinhas não ficam atarantadas ao correr de um lado para o outro da rua, quando começam a atravessar a rua elas seguem em frente que é o que também faz o povo francês.

Num único parágrafo curto, portanto, a autora inicia uma quase autobiografia, descreve o comportamento de gatos e galinhas franceses e compara, em seguida, este comportamento ao do povo francês, que virá a ser objeto de observação por parte da autora.

Os temas, assim como os esboçados neste parágrafo inicial, vão se desdobrando em outros temas, como se a mão da escritora corresse livre pelo papel obedecendo a uma sucessão de idéias que dão origem a outras e outras e assim por diante. Ao longo da narrativa, não volta a recordar o período em que viveu em Paris quando tinha quatro anos. A língua francesa, o espinafre, a escola, a sopa no café da manhã e o pulo do gato nas costas de sua mãe são tudo de que a autora parece se lembrar, ou tudo que decide expôr aos seus leitores. Outros tópicos são, no entanto, desdobrados por ela ao longo das páginas. O par de opostos com o qual ela define Paris França, "excitante e calma", repete-se ao longo do livro. Assim como outros tópicos que ela trabalha e retrabalha. Trata-se de uma narrativa circular que vai voltando a seus temas principais, girando em espiral e adicionando, a cada volta, uma nova idéia, uma nova hipótese, um novo ponto. As reflexões parecem ilimitadas; tem-se a impressão de que ela poderia continuar escrevendo interminavelmente, desenvolvendo suas idéias sem encontrar nenhum empecilho capaz de interromper definitivamente esse movimento.

É possível fazer uma lista de alguns dos temas explorados à exaustão em *Paris França*: tradição, moda, o século XX, o cotidiano, a língua francesa e a língua inglesa, a relação entre os países e os séculos, os estrangeiros e os franceses, lógica, culinária, progresso, civilização, imaginação, guerra, dentre muitos outros. E esses vários temas se relacionam ainda em combinações por vezes inusitadas e também opostas. Gertrude Stein não consegue compreender, por exemplo, como os franceses fazem geléia de uma mistura de damasco e maçã. "Como é que conseguem ao mesmo tempo não sei direito," e diz, "sim talvez damascos tardios e as primeiras maçãs, é muito bom". A associação entre damasco e maçã na geléia francesa se equipara, pela contradição aparente, a diversas outras associações que faz entre os temas com que trabalha. Surgem, ao longo das páginas, outros pares de opostos, tais como excitante e calmo. E é a partir dessas comparações e associações de idéias que Stein vai construindo suas reflexões. Observem-se alguns exemplos dessas duplas. Moda e guerra, por exemplo: "A moda está em tudo menos em se fazer guerra, mas a guerra faz modas", diz ela. Sobre moda e crise, comenta:

> Quem gosta de moda se cansa das crises, e o francês gosta de moda não apenas gosta mas naturalmente a cria e as crises de vez em quando ajudam a moda, uma crise ocasional sim, mas não muitas, muitas crises em sucessão atrapalham a moda (...)

Outra dupla é a pintura e o que "há do lado de fora":

> Percebi que uma pintura é sempre uma superfície plana e o lado de fora nunca é, e que o lado de fora é feito de ar e uma pintura não tem ar nenhum, o ar é substituído por uma superfície plana, e qualquer coisa numa pintura que imite o ar é ilustração e não arte.

Sobre a guerra e a passagem do tempo, observa: "Ora a guerra nos faz mesmo perceber a marcha dos séculos e a sucessão das gerações." Outra relação problemática — entre a Inglaterra e a França:

> É muito interessante em relação à Inglaterra e à França, elas estão completamente conscientes uma da outra há tanto tempo, algumas vezes de uma maneira outras vezes de outra mas sempre completamente conscientes uma da outra.

Todos esses temas e reflexões são entremeados e ilustrados por pequenas anedotas, algumas curtíssimas, outras um pouco mais longas. Algumas se estendem às vezes por todo um parágrafo para serem contadas. Como a de um pastor em Aix-en-Provence que precisava matar seus cães quando eles chegavam aos oito anos de idade, porque os cães, aos oito anos, já não se interessavam mais por cuidar de carneiros e não era possível, para ele, sustentar um cão que já não tinha mais utilidade. Então ele levava os cães para matá-los, mas sempre "com lágrimas escorrendo dos olhos". Histórias como esta recheiam o livro de figuras curiosas, personagens que passam, e sobre os quais ficamos sabendo muito e muito pouco ao mesmo tempo.

Outros personagens têm presença mais constante ao longo do livro, como a criada Hélène, ou madame Chaboux, esposa de um médico e moradora da cidadezinha próxima a vila de Bilignin, Belley. Muitos desses personagens de fato existiram. Uma das biógrafas de Gertrude Stein, Elizabeth Springe, esteve na França, conversou com alguns dos parentes e amigos de Stein e "ao conversar com as pessoas que a conheceram na sua vida no campo", diz ela, "descobre-se uma nova Gertrude Stein". É o que conta Springe, no seu livro *Gertrude Stein — Her Life and Work*. Relata aí a conversa muito emotiva que teve com madame Chaboux sobre Stein. "*Chère Gertrude! Chère Gertrude! Comme elle m'a manqué**", teria dito madame Chaboux. Esta saudosa Chaboux, que conversaria com Springe, tem forte presença em *Paris França*. Pessoas reais com as quais convivia em Paris e no campo são transformadas em personagens em seu livro. Os animais são também "personagens" importantíssimos. Além

*"Querida Gertrude! Querida Gertrude! Como ela me fez falta." (*N. da E.*)

dos gatos e das galinhas, há histórias que envolvem cavalos e cachorros. Incluindo a da morte de seu cachorro Basket, que seria substituído por um novo Basket. E há relatos que envolvem pessoas famosas com as quais convivia então, como Bernard Fay e Pablo Picasso, e outros sobre seus vizinhos, sobre passantes, fazendeiros e empregados. Os países e os séculos também recebem tratamento dado a personagens. O século XX chega mesmo a ter a sua trajetória comparada com a da "vida de qualquer um":

> Todo século tem um começo e um meio e um fim. Todo século é como a vida de qualquer um, a vida de qualquer nação, e isto significa que ele começa tem uma infância tem uma adolescência tem uma vida adulta, tem uma meia-idade uma vida idosa e depois termina.

Se Gertrude Stein conta histórias envolvendo pessoas com as quais convivia, dando a ilusão de que as histórias seriam verdadeiras, há por outro lado um momento no livro em que se instaura uma instância claramente fictícia. E começa a contar a história de uma menina chamada Helen Button. Personagem que teria sido, porém, inspirada numa pessoa real:

> Tivemos aqui na vila uma menina e seu nome é Hélène Bouton, Helen Button, e fiquei mais ou menos imaginando qual seria exatamente o sentimento de uma criança a respeito do que é tempo de guerra. É muito interessante. (...) Helen Button era seu nome e ela vivia em tempo de guerra.

Stein explicita a ficcionalização da personagem, mudando a grafia e a sonoridade de seu nome do francês para o inglês e situando-a num tempo indeterminado: "Há uma grande quantidade de tempos de guerra na história e Helen Button vivia nele." A história de Helen Button se estende por algumas páginas. E em seguida Gertrude Stein a abandona e retoma sua narrativa de caráter circular, biográfico, reflexivo e investigativo. Insisto na característica de investigação que o livro apresenta pois há diversos relatos de conversas da autora com pessoas em Paris e no campo. Conversas nas quais ela, na verdade, faz perguntas, entrevista seus amigos e vizinhos sobre os assuntos dos quais está tratando no livro.

Um bom exemplo é a conversa com madame Giroud sobre a diferença entre a França no século XIX e a França no século XX:

Eu conversava com Madame Giroud, ela se lembra de tudo e perguntei a ela qual lhe parecia a diferença mais surpreendente entre a França da sua juventude o século dezenove e a França de hoje. Ela disse sem dúvida a diferença nas roupas das pessoas que vivem não nas cidades mas no campo. Não apenas as moças mas as mulheres das aldeias e cidades rurais todas se vestem bem, todas são muito asseadas.

E não são só os seus conhecidos os entrevistados e nem sempre o assunto está diretamente ligado a alguma questão importante para ela, como, neste caso, os séculos XIX e XX ou a moda, tema que surge na resposta da senhora entrevistada e que se repete bastante ao longo do livro. Pessoas estranhas são abordadas às vezes. Como quando conta que perguntou à mãe de um menino que chorava às margens do rio Sena por que ele estava chorando. A mulher (que Gertrude Stein diz não saber exatamente se é a mãe ou alguma parente do menino) responde: "É tristeza, mas isso vai passar." Em passagens como esta, a escritora parece uma investigadora ou pesquisadora, tentando compreender a França, o século XX, o modo de vida francês, a partir das histórias que ouve, do que lhe respondem as pessoas nas ruas, da observação curiosa e atenta de pequenos detalhes do comportamento do povo francês no final da década de 1930, com uma guerra se aproximando.

É importante observar também que, em setembro de 1939, quando a guerra começa, Gertrude Stein ainda está escrevendo *Paris França*. A guerra vai se tornando, então, um dos temas mais explorados por ela. Como bem comenta Elizabeth Springe, "a guerra escorrega silenciosamente para dentro das páginas enquanto ela passeia pelo campo conversando com todos como ela sempre fez".

Observando os manuscritos de *Paris França* na biblioteca da Universidade de Yale, percebi que a escritora faz poucas modificações no texto escrito à mão em seu caderno. A escrita flui. Mas há ao menos uma mudança que prenuncia uma preocupação com a distinção entre as duas guerras. No início da segunda parte do livro, lê-se: "Lembro-me tão bem foi durante a guerra de 1914 (...)." No manuscrito original, consta: "Foi durante a guerra." Só depois acrescenta-se a palavra "última". A frase fica assim: "Foi durante a última guerra." Na versão final, provavelmente corrigida por Gertrude Stein, quando as provas do livro ficaram prontas, já se lê "a guerra de 1914". Se no manuscrito a expressão "a guerra", no momento em que estava escrevendo, refere-se evidentemente à guerra de 1914, algum tempo depois a autora percebe que o conflito que está começando em finais de 1939 iria tomar proporções de uma Grande Guerra e por isso é preciso que se distinga uma da outra. Embora as guerras tenham papel importante em *Paris França*, seria em *Wars I Have Seen*, escrito ao longo do período que durou a Segunda Guerra, que a escritora descreveria a queda da França, a ocupação nazista e a libertação. *Wars I Have Seen* talvez não seja um livro tão belo quanto *Paris França*, como diz o crítico Donald Sutherland, pois, no primeiro, a França ganharia dimensão lendária. *Paris França* seria então, na sua opinião, "o retrato de uma nação como sua terra e seu povo, mas acima de tudo como uma verdadeira lenda".

Não se encontram, em *Paris França*, características da escrita steiniana, tais como as repetições que se dão a ver em frases famosas como "Rosa é uma rosa é uma rosa é uma rosa", que aparece pela primeira vez no poema *Sacred Emily* ou como o "doce doce doce doce doce chá" de *Susie Asado*. Ou ainda como o presente contínuo e a repetição que muda um pouco a cada frase. Característica esta que pode ser exemplificada neste trecho do retrato *Ada*:

> Alguém que estava vivendo estava quase sempre ouvindo. Alguém que estava amando estava quase sempre ouvindo. Este alguém que estava amando estava quase sempre ouvindo. Este alguém que estava amando estava contando sobre ser alguém então ouvindo.

Mas há, em *Paris França*, traços que permeiam toda a escrita steiniana e que foram observados aqui. O que se apresenta com mais força no livro talvez seja a escrita circular, na qual os temas são abordados, somem e depois são revisitados pela autora, mas vistos de outro ângulo, e associados a outros temas. Se, como disse antes, não há em *Paris França* frases nas quais uma mesma palavra se repete incansavelmente, como "rosa" em *Sacred Emily* e "doce" em *Susie Asado*, há, no entanto, repetições de motes que permeiam o texto, como, por exemplo, "excitante e calma". Essa técnica de escrita também se faz presente, de maneira diferente, na *Autobiografia de todo mundo*, no romance *Ida* e em *The Geographical History of America*, para citar apenas alguns dos seus textos mais conhecidos.

Uma das características estilísticas steinianas também presente em *Paris França* é a ficcionalização de personagens reais. Na ópera *The Mother of Us All*, por exemplo, além da personagem histórica da qual trata a peça, a sufragista americana Susan B. Anthony, alguns amigos de Gertrude Stein (como Constance Fletcher e Virgil Thompson) aparecem como figuras dramáticas.

Outra característica de sua escrita é a mistura de gêneros. Em seu livro *The Geographical History of America,* a certa altura, decide que o livro vai ser um romance policial. Noutro momento, diz que será uma autobiografia. Às vezes, pequenas peças de teatro são introduzidas no meio da narrativa. Mudanças não muito diferentes do que acontece com a história de Helen Button, que se intromete em *Paris França.*

Há ainda, como já disse, a interferência do lugar geográfico no processo de escrita. A vila de Bilignin, o seu cotidiano, está explicitamente presente em *Paris França*. Mais até do que Paris. Mas há o Sena, as casas modernas em que moraram Stein, Picasso e Braque, e os bairros pitorescos perto do rio para onde se mudam em seguida. Há os contrastes nacionais e regionais. E há "Paris", onde, segundo ela, "estava o século vinte". O ponto geográfico, o "lugar certo", explicaria, "para aqueles entre nós destinados a criar a arte e a literatura do século vinte". Pois, para Gertrude Stein, foram os estrangeiros que fizeram o século XX na França, que, imersos nela mas de fora da tradição francesa, precisavam dela como "pano de fundo do século"; "um pano de fundo de irrealidade". Pois se "o século dezenove sabia exatamente o que fazer com cada homem", diz, "o século vinte inevitavelmente não deveria saber". Então, conclui a autora, "Paris era o lugar certo para a pessoa estar".

Inês Cardoso

Paris França

PRIMEIRA PARTE

Paris França é excitante e calma.

Eu tinha apenas quatro anos na primeira vez em que estive em Paris e falei francês ali e fui fotografada ali e fui para a escola ali e tomei sopa no café da manhã e almocei pernil de carneiro com espinafre, sempre gostei de espinafre, e um gato preto pulou nas costas da minha mãe. Isto foi mais excitante do que calmo. Os gatos não me incomodam mas não gosto que pulem em minhas costas. Há uma porção de gatos em Paris e na França e eles podem fazer o que querem, sentar-se em cima das verduras ou entre mercadorias de mercearia, ficar dentro de casa ou sair. É estranho que briguem tão pouco entre eles, considerando-se o número de gatos existentes. Há duas coisas que os animais franceses não fazem, os gatos não brigam tanto e não uivam tanto e as galinhas não ficam atarantadas ao correr de um lado para o outro da rua, quando começam a atravessar a rua elas seguem em frente que é o que também faz o povo francês.

Qualquer pessoa que dirige um automóvel em Paris precisa saber disso. Qualquer pessoa que sai da calçada e segue em frente ou que caminha para qualquer lugar obedece a um ritmo determinado e este ritmo é mantido nada a espanta nada a assusta nada a faz andar mais depressa ou mais devagar nada nem mesmo o ruído mais violento e inesperado a faz pular nem muda seu ritmo ou sua direção. Quando alguém dá um pulo para trás ou dá qualquer tipo de pulo nas ruas de Paris pode-se ter certeza de que é um estrangeiro e não um francês. Isto é calmo e excitante.

Então estive em Paris numa época em que eu tinha quatro ou cinco anos e depois voltei para os Estados Unidos. Uma criança não esquece mas outras coisas acontecem.

Um pouco mais tarde em San Francisco houve mais francês.

Afinal, todos, ou seja, todos os que escrevem estão interessados em viver dentro de si mesmos para contar o que existe dentro de si mesmos. Por isso os escritores precisam ter dois países, aquele onde nasceram e o outro onde de fato vivem. O segundo é romântico, é separado deles, não é real, mas na verdade está ali.

Os vitorianos ingleses sentiam-se assim em relação à Itália, os americanos do início do século dezenove sentiam-se assim em relação à Espanha, os americanos de meados do século dezenove sentiam-se assim em relação à Inglaterra e minha geração, a geração de americanos do final do século dezenove, sentia-se assim em relação à França.

Claro que algumas vezes as pessoas descobrem seu próprio país como se fosse o outro, um exemplo recente disso é Louis Bromfield descobrindo os Estados Unidos, também houve alguns ingleses assim, Kipling, por exemplo, descobriu a Inglaterra mas em geral o outro país de que se precisa para ser livre é um país diferente, não aquele onde se nasceu.

Em San Francisco era fácil que fosse a França. Claro que também podia ser a Espanha ou a China, mas em San Francisco, na infância, sabe-se em excesso sobre a Espanha e a China, e a França era interessante, enquanto a Espanha e a China eram familiares e cotidianas. A França não era cotidiana apenas apareceu várias vezes.

Apareceu de início em livros muito diferentes, Jules Verne e Alfred de Vigny e apareceu nas roupas da minha mãe e nas luvas nos gorros e regalos de pele de foca e nas caixas em que chegavam.

Havia nisso o cheiro de Paris.

E depois durante um período bastante longo foi muito fácil esquecer a França.

As coisas seguintes de que me lembro sobre a França são os Henry Henry e Sarah Bernhardt, o Panorama da Batalha de Waterloo e o Homem com a Enxada, de Millet.

O Panorama da Batalha de Waterloo.

Uma das coisas mais agradáveis que fazemos nós que escrevemos e pintamos é experimentar o milagre diário. Acontece mesmo.

Eu tinha cerca de oito anos e o milagre aconteceu com o Panorama da Batalha de Waterloo.

Foi pintado por um francês, imagino se não seria interessante ver um agora, um daqueles imensos panoramas, nos quais a pessoa fica em pé no centro de uma plataforma e tudo ao seu redor, e em torno, de todos os lados, é uma pintura a óleo. Ficava-se inteiramente cercado por uma pintura a óleo.

Foi quando percebi pela primeira vez a diferença entre uma pintura e o lado de fora. Percebi que uma pintura é sempre uma superfície plana e o lado de fora nunca é, e que o lado de fora é feito de ar e uma pintura não tem ar nenhum, o ar é substituído por uma superfície plana, e qualquer coisa numa pintura que imite o ar é ilustração e não arte. Parece que senti tudo isso muito intensamente, em pé na plataforma e inteiramente rodeada por uma pintura a óleo.

E então houve Sarah Bernhardt.

San Francisco tinha uma porção de franceses e um teatro francês e claro que se conhecia meninos e meninas que falavam francês em casa com muita naturalidade. E então quando um ator ou atriz franceses chegavam a San Francisco sempre se demoravam por muito tempo.

Gostavam de lá e claro quando atrizes ou atores ficam em qualquer parte sempre representam, então naturalmente havia muito francês falado no teatro.

Foi nesse momento que descobri muito naturalmente que o francês é uma língua falada e o inglês uma língua escrita.

Na França sempre que alguém escreve alguma coisa e quer que todos saibam como é lê alto o que escreveu. Se for em inglês é muito natural passar o manuscrito para as pessoas e deixar que o leiam mas se for em francês torna-se natural lê-lo em voz alta.

O francês é uma língua falada o inglês na verdade não é.

Sarah Bernhardt me fez ver os braços finos das francesas. Quando fui a Paris e vi as pequenas midinettes e moradoras de Montmartre, todas tinham braços assim. Apenas muitos anos depois quando os estilos mudaram, naquele tempo elas usavam saias longas, que percebi como eram robustas as pernas que acompanhavam aqueles braços esguios. É isso que torna os franceses tão bons soldados, as pernas robustas, braços finos e pernas robustas, se entendem o que quero dizer, calmo e excitante.

É isto que torna todos os franceses capazes de subir ladeiras em bicicletas do jeito como sobem, nenhuma ladeira é tão íngreme que os impeça de subir cada vez mais alto, pedalando devagar, homens, moças e criancinhas pequenas, as pernas robustas e os braços finos.

A outra coisa francesa lá em San Francisco era a família dos Henry Henry. Assim se chamavam.

Havia um pai e uma mãe eram conhecidos como Monsieur e Madame Henry e havia cinco filhos, o mais velho Henry Henry tocava violino. Íamos para lá à tarde e ficávamos para jantar e dançávamos as crianças Henry e nós ao som da música francesa do violino.

E sempre ao jantar comíamos um assado de carneiro, um gigot como o chamavam, cozido da mesma maneira como no tempo em que eu ia para a escola em Paris e com batatas na manteiga em redor, batatas com uma aparência de limpeza, não tão escuras como as cozidas à maneira americana. Mas a coisa mais excitante eram as facas e garfos. As facas eram tão amoladas que a lâmina ficava fina como a de uma adaga com uma ligeira curvatura no alto e os garfos eram tão leves que quando se fazia pressão com eles se curvavam. Essas facas e garfos foram as coisas mais apaixonadamente francesas que conheci, poderia dizer que em toda a minha vida.

E houve também o Homem com a Enxada, de Millet.

Eu nunca realmente quisera uma fotografia de um quadro, até ver o Homem com a Enxada, de Millet. Eu estava com uns doze ou treze anos, lera Eugenie Grandet, de Balzac, e tinha certa impressão de como era o campo francês, mas o Homem com a Enxada tornou tudo diferente, transformou o campo em solo, e a França tem sido isso para mim desde então. A França é feita de solo, de terra.

Quando consegui uma foto do quadro e a levei para casa meu irmão mais velho olhou-a e perguntou o que era aquilo e eu disse que era o Homem com a Enxada de Millet. Que diabo de enxada disse meu irmão.

Mas o campo francês é assim, com solo desse tipo e trabalham nele exatamente daquela maneira com exatamente aquele tipo de enxada.

Tudo isso era tudo o que eu na verdade sabia naquele tempo sobre Paris França e depois durante um período muito longo esqueci Paris e a França.

E então um dia quando eu freqüentava a universidade Radcliffe em Cambridge Massachusetts, eu estava num trem e sentado ao meu lado estava um francês. Reconheci-o como um professor-visitante que faria uma palestra e conversei com ele. Falamos sobre as universitárias americanas. Muito maravilhosas ele disse e muito interessantes mas, e ele me olhou com seriedade, você não é de fato uma delas, precisa admitir isso, nenhuma delas poderia sentir como Alfred de Musset que le seul bien qui me reste au monde c'est d'avoir quelque fois pleuré*. Eu era jovem naquele tempo mas entendi o que ele quis

*O único bem que me resta no mundo é ter chorado algumas vezes. (*N. da E.*)

dizer quando afirmou que elas não sentiriam isto. Isto e um certo interesse por Zola como realista mas não tanto interesse quanto nos realistas russos era tudo o que Paris significava para mim até depois da escola de medicina quando me instalei em Paris França.

SEGUNDA PARTE

Alice Toklas disse, a mulher do primo da minha avó me contou que a filha dela casou-se com o filho do engenheiro que construiu a Torre Eiffel e o nome dele não era Eiffel.

Quando um livro nosso estava em processo de publicação na França nos queixávamos da parte gráfica. Ah explicaram é porque agora usam máquinas, as máquinas estão destinadas à inexatidão, não têm a inteligência dos seres humanos, naturalmente a mente humana corrige as falhas da mão mas uma máquina claro que há erros. O que nos levou todos a morar espontaneamente na França foi que a França tem métodos científicos, máquinas e eletricidade, mas não acredita de fato que essas coisas tenham algo a ver com a vida propriamente dita. A vida é tradição e natureza humana.

E assim no início do século vinte, quando foi preciso descobrir um novo caminho naturalmente eles precisavam da França.

Na verdade não, os franceses na verdade não acreditam que nada seja importante a não ser o cotidiano e a base que ele lhes proporciona e em defender-se dos inimigos. O governo não tem nenhuma importância a não ser na medida em que faça isso.

Lembro-me tão bem foi durante a guerra de 1914 e eram todos franceses e conversavam sobre o voto das mulheres e uma das mulheres que escutavam disse, ah meu Deus tenho de entrar em filas por tantas coisas carvão e açúcar e velas e carne e agora votar, ah meu Deus.

Afinal não faz nenhuma diferença e elas sabem que não faz nenhuma diferença.

Quando estive pela primeira vez em Paris e durante muitos anos tive uma empregada, éramos muito boas amigas seu nome era Hélène. Um dia de forma bastante casual, não sei como aconteceu porque eu não estava absolutamente interessada, perguntei a Hélène, qual o partido político do seu marido. Ela sempre me contara tudo até os problemas mais íntimos da sua família e do seu marido mas quando eu disse isso, qual o partido político do seu marido, o rosto dela se endureceu. Não respondeu. Qual o problema, Hélène, perguntei é um segredo. Não Mademoiselle ela respondeu não é um segredo mas não se conta isso. Não se conta qual o partido político da pessoa. Até eu tenho um partido político mas não conto qual.

Eu estava na França há muitos anos mas fiquei surpresa e comecei a perguntar a todos e todos eram assim. Todos tinham aquela mesma expressão de não é um segredo mas não se conta. Um filho não sabia qual o partido político do seu pai nem o pai o do filho.

É por isso que o recente front commun teve uma vida tão curta. Eles diziam, todos tinham de dizer repetidas vezes e o dia inteiro, qual era o seu partido político e claro que aquilo não podia durar muito. Simplesmente não podia.

Não, a publicidade na França de fato não tem importância, a tradição e a vida particular deles e o solo, que sempre produz alguma coisa, é isso o que conta.

A Sra. Lindberg esteve em Paris e ela e eu conversamos. Nos Estados Unidos claro que ela havia sofrido eles sofriam com a publicidade. Na Inglaterra não lhes prestaram nenhuma atenção mas eles os Lindberg sabiam e a Inglaterra sabia quem eles eram. Na França prestam atenção à pessoa quando a encontram, mas não lhe incomodam porque no intervalo não sabem que você está ali.

Quando Fania Marinoff veio a Paris disse que gostaria de conhecer fulano e beltrano. Desculpe eu disse não os conheço. Mas você sabe quem são, ah sim, falei, vagamente. Então ela mencionou outros. Alguns eu conhecia e outros não. Ela não conseguiu entender, em Nova York, disse, se eu conhecesse você eu os conheceria.

Sim sim eu disse mas em Paris não. Não conhecer os famosos em Paris não significa que você mesmo seja desconhecido porque ninguém conhece alguém que eles não conheçam.

Ora por algumas dessas se não por todas essas razões, Paris era onde estava o século vinte.

Também era importante o fato de Paris ser o centro da moda. Claro que havia momentos em que as pessoas pareciam vestir-se melhor em Barcelona e em Nova York mas na verdade não era assim.

Era em Paris que a moda era feita e sempre nos grandes momentos em que tudo muda a moda é importante porque faz algo subir pelo ar ou descer ou dar a volta sem que isso tenha nada a ver com nada.

A moda é a verdade da abstração. A coisa que nada tem de prático e então muito naturalmente Paris que sempre fez a moda era para onde todos iam em 1900. Precisavam do pano de fundo da tradição da profunda convicção de que homens mulheres e crianças não mudam, de que a ciência é interessante mas não muda nada, de que a democracia é real mas os governos a não ser que cobrem impostos em excesso ou façam a pessoa ser derrotada pelo inimigo não têm a menor importância, este era o pano de fundo de que todos precisavam em 1900.

É engraçado com relação à arte e à literatura, a moda ser parte delas. Dois anos atrás, todos diziam que a França estava arruinada, que estava afundando e seria uma potência de segunda categoria etcétera etcétera. E eu disse mas não penso assim porque há anos desde a guerra que os chapéus não estavam tão variados e lindos e franceses quanto agora. Não só são encontrados nas boas lojas, como há um bonito chapeuzinho francês em toda parte onde existir um verdadeiro chapeleiro.

Não acredito que quando a arte e a literatura características de um país estão ativas e frescas não acredito que este país esteja em seu declínio. Não existe nenhuma pulsação mais segura quanto ao estado de uma nação do que seu característico produto artístico que nada tem a ver com sua vida material. E então quando os chapéus em Paris estão lindos e franceses e aparecem em toda parte então a França está bem.

Portanto Paris era o lugar certo para aqueles entre nós destinados a criar a arte e a literatura do século vinte, muito naturalmente.

Tantas coisas. Eles mudam de ocupação com tanta facilidade, são muito conservadores e tradicionais e mudam facilmente de ocupação. Podem começar como padeiros e se tornam corretores de imóveis e depois se tornam banqueiros tudo com um só homem e tudo em dez anos e então eles se aposentam.

É também divertido o fato de serem sempre necessários cerca de sete homens para fazer qualquer coisa, para construir uma estrada inteira ou para erguer três postes de telégrafo ou para montar uma feira ou para derrubar uma árvore. Não faz nenhuma diferença sete homens, mais ou menos, estão sempre ali fazendo as coisas, são necessários vários para conversar vários para observar e um ou dois para trabalhar, então o que quer que haja para fazer sempre exige mais ou menos o mesmo número. Ora isto era muito importante porque outra vez dava um pano de fundo de irrealidade muito necessário para qualquer pessoa que tivesse de criar o século vinte. O século dezenove sabia exatamente o que fazer com cada homem mas o século vinte inevitavelmente não deveria saber e então Paris era o lugar certo para a pessoa estar.

E a maneira como eles se sentem com relação aos mortos, ela é tão amistosa tão simplesmente amistosa e apesar de inevitável não causa tristeza e apesar de ocorrer não causa choque. Não há nenhuma diferença entre morte e vida na França e isso também tornou inevitável que fossem o pano de fundo do século vinte.

Naturalmente eram os estrangeiros que faziam o século aqui na França porque sendo todas essas coisas francesas isto as transformava na tradição deles e sendo tradição não era o século vinte.

Há sempre tantos estrangeiros em toda parte mas particularmente na França.

Um dia, Gerald Berners e eu estávamos caminhando e ele sugeriu que daria um livro ótimo colocar nele todos os aforismos que não fossem verdadeiros.

Pensamos numa porção e, entre eles, a familiaridade gera o desprezo e nenhum homem é um herói para seu criado de quarto. Concluímos que em mais de noventa por cento dos casos era o contrário.

A familiaridade não gera o desprezo. Ao contrário, quanto mais familiar uma coisa mais rara e linda. Consideremos o bairro onde se mora, é lindo, um lugar raro e lindo e é terrível deixá-lo.

Lembro que certa vez ouvi uma conversa de rua em Paris e terminava com uma conclusão, não havia mais nada que pudessem fazer, tinham de ir embora do bairro. Era isso, não havia mais nada que pudessem fazer tinham de ir embora do lugar mais maravilhoso do mundo, maravilhoso porque era ali que sempre tinham vivido.

Os bairros de Paris eram assim, todos tínhamos nosso bairro, embora mais tarde quando fomos embora e depois voltamos para eles parecessem na verdade sombrios, de forma alguma comparáveis aos lindos bairros onde agora morávamos. Então a familiaridade não gera desprezo.

E sobre não sermos heróis para nosso criado de quarto. Será que existe alguém no mundo inclusive a própria pessoa que fique tão satisfeito com sua publicidade quanto o seu criado certamente seu criado francês fica satisfeito não há dúvida a respeito disso, criados passados presentes e futuros todos ficam satisfeitos com isso.

E então que bairros de Paris foram importantes e quando.

De 1900 a 1930, Paris na verdade mudou muito. Sempre me disseram que os Estados Unidos mudaram mas não tanto quanto Paris naqueles anos, que é a Paris que se pode ver, mas de fato não há lembrança do seu aspecto antes e mesmo nenhuma lembrança de qual o seu aspecto agora.

Nós nenhum de nós morava nas partes antigas de Paris naquele tempo. Morávamos na rue de Fleurus um bairro de apenas cem anos, muitos de nós morávamos por ali e no boulevard Raspail que naquele período não estava nem mesmo inteiramente aberto e quando foi inteiramente aberto todos os ratos e animais foram para debaixo da nossa casa e tivemos de chamar um dos mata-ratos de Paris para limpar tudo, fico pensando se eles ainda existem agora, se desapareceram junto com os cavalos e as imensas carroças que limpavam os esgotos debaixo das casas que ainda não estavam no novo sistema de esgotos, agora até as casas mais velhas estão no novo sistema. É bom na França, eles se adaptam a tudo vagarosamente mudam por completo mas o tempo todo sabem que estão no mesmo lugar onde estavam.

Belley a pequena cidade rural agora mesmo durante o verão inteiro come grape fruits, concluíram que grape fruits são um luxo necessário.

Nossa velha criada Hélène que estava em nossa casa muitos anos antes da guerra, aprendeu conosco que as crianças deveriam ser criadas de forma diferente e mais higiênica do que ela criava mas mesmo assim um dia eu a ouvi conversando com seu filho de seis anos e dizendo você é um bom menino, sim mamãe, ele disse, e você ama muito sua mãe, sim mamãe ele disse, e você crescerá amando sua mãe ela disse, sim mamãe ele disse e depois ela disse você ficará um homem e me deixará por uma mulher não é, sim mamãe ele disse.

Lembro-me também de quando o Titanic afundou e todos ficaram tão comovidos com o heroísmo e o salvamento de mulheres e crianças, mas não vejo nada de sensato nisso, disse Hélène, do que adianta mulheres e crianças sozinhas no mundo, que tipo de vida podem levar, seria um bocado mais sensato, disse Hélène, se tivessem tirado a sorte e salvo um certo número de famílias completas muito mais sensato, disse Hélène.

E foi isso que tornou Paris e a França o pano de fundo natural para a arte e a literatura do século vinte. Sua tradição os impediu de mudar e no entanto os franceses naturalmente viam as coisas como elas eram, e aceitavam a vida como ela é, e ao mesmo tempo misturavam as coisas sem nenhum motivo. Os estrangeiros não eram românticos para eles, eram apenas fatos, nada era sentimental estavam simplesmente ali e bastante estranho isto não os levava a fazer a arte e a literatura do século vinte, mas os tornava o pano de fundo inevitável para ela.

Então de 1900 a 1930 aqueles de nós que morávamos em Paris não morávamos em bairros pitorescos mesmo aqueles que moravam em Montmartre como Picasso e Braque não moravam em casas antigas, eles moravam em casas de cinqüenta anos no máximo e agora todos moramos no bairro antigo perto do rio, agora que o século vinte está decidido e tem seu caráter nós todos tendemos a querer morar em casas do século dezessete, não em ateliês-casernas, como fazíamos então. As casas do século dezessete são exatamente tão baratas quanto nossos ateliês-casernas daquele tempo mas agora precisamos do pitoresco do esplêndido precisamos do ar e do espaço que só se consegue nos bairros antigos. Foi Picasso quem disse outro dia quando falavam em derrubar as partes insalubres de Paris mas só nos bairros insalubres há sol e ar e espaço, e é verdade, e todos estamos morando neles os iniciantes e os que estavam na metade do caminho e os mais velhos e os velhos todos morávamos em velhas casas, em bairros em ruínas. Ora tudo isso é bem natural.

A familiaridade não gera desprezo, tudo o que se faz todo dia é importante e grandioso e qualquer lugar onde se more é interessante e lindo. E é assim mesmo que deve ser.

Então começa a ser razoável que o século vinte cuja mecânica, cujos crimes, cuja padronização começaram nos Estados Unidos, precisasse do pano de fundo de Paris, o lugar onde a tradição era tão firme que eles podiam parecer modernos sem ser diferentes, e onde sua aceitação da realidade é tão grande que eles podiam deixar qualquer um ter a emoção da irrealidade.

E depois há o sentimento deles com relação a estrangeiros, que ajuda um bocado.

Afinal para os franceses a diferença entre ser estrangeiro e ser habitante não é muito séria. Há tantos estrangeiros e são reais para eles os que moram em Paris e na França. Nisto eles são diferentes dos outros povos. Outros povos acham os estrangeiros mais reais para eles quando estão em seu próprio país mas para os franceses os estrangeiros só parecem reais quando estão na França. Naturalmente, eles vêm para a França. O que seria mais natural para eles do que fazer isso.

Lembro uma velha criada inventou um nome interessante para estrangeiros, havia americanos eles existiam porque ela era nossa criada e estávamos ali, e então havia algo que ela chamou de creole ecossais*, nunca descobrimos de onde veio isso.

---

*Crioulo (filho de europeus mas nascido nas colônias) escocês. (*N. da E.*)

Claro que todos eles vinham para a França muitos para pintar quadros e naturalmente não podiam fazer isso em seus países, ou então para escrever também não podiam fazer isso em seus países, podiam ser dentistas em seus países ela sabia tudo a respeito disso, mesmo antes da guerra, os americanos eram um povo prático e a odontologia era prática. Com a máxima certeza, a mais prática era ela porque, quando seu filho pequeno estava doente, claro que ela ficou terrivelmente infeliz porque era seu filho pequeno mas outra vez também era tudo o que podia fazer, porque ela precisava mesmo ter um único filho, qualquer pessoa francesa tem de ter um único filho e agora dois anos depois, outra vez era tudo o que podia fazer o dinheiro e todo o resto. E mesmo assim por que não claro por que não.

E então toda essa simples clareza com relação a ver a vida como ela é, a vida animal e social dos seres humanos tal como ela é, o valor em dinheiro da vida humana e social e animal como ela é, sem brutalidade ou sem simplicidade, o que ela é hoje uma francesa me disse sobre um escritor americano, é falso sem ser artificial.

Não foi preciso o século vinte para fazê-los dizer isso como foi preciso o século vinte para fazer outros povos dizerem isso.

Os estrangeiros estão em casa na França porque sempre estiveram aqui e fizeram o que tinham de fazer lá e permaneceram estrangeiros lá. Os estrangeiros devem ser estrangeiros e é bom que os estrangeiros sejam estrangeiros e isto eles inevitavelmente são em Paris e na França.

Eles estão começando agora afinal, os cinemas e a guerra mundial lentamente os fizeram perceber qual a nacionalidade dos estrangeiros. Num pequeno hotel onde ficamos algum tempo falavam de nós como inglesas, negativo dissemos negativo somos americanas, finalmente um deles um pouco aborrecido com nossa persistência disse mas é tudo a mesma coisa. Sim respondi como os franceses e italianos são todos iguais. Ora antes da guerra eles não podiam dizer isso nem sentir o desagrado da resposta. Depois tivemos aqui no campo uma empregada finlandesa, e uma vez ela entrou radiante, é maravilhoso, disse, a leiteira conhece a Finlândia, sabe onde é a Finlândia, sabe tudo sobre a Finlândia, vejam só, disse a criada finlandesa, conheci pessoas muito educadas que não sabiam onde é a Finlândia mas ela sabia. Será que sabia mesmo. Não mas se comportava de acordo com a antiga tradição da cortesia francesa e a questão era essa. Claro que eles se comportam assim.

Mas o que fazem mesmo é respeitar a arte e as letras, se você é escritor tem privilégios, se é pintor tem privilégios e é agradável ter esses privilégios. Sempre me lembro de quando cheguei do campo à garagem onde habitualmente guardava meu carro e a garagem estava cheia mais do que cheia, era o momento do Salão do Automóvel, então perguntei eu o que eu posso fazer, bem disse o encarregado, verei e depois voltou e disse em voz baixa há um canto e nesse canto coloquei o carro de Monsieur o acadêmico e junto dele colocarei o seu os outros podem ficar do lado de fora e é inteiramente verdadeiro mesmo numa garagem um acadêmico e uma mulher de letras têm precedência até sobre milionários ou políticos, têm sim é inteiramente inacreditável mas têm, a polícia também trata respeitosamente os escritores e artistas ora isso também é inteligente da parte da França e nada sentimental, porque afinal a maneira de lembrar tudo é através dos escritores e pintores do período, ninguém realmente vive quando não se escreveu bem a seu respeito e percebendo isso os franceses mostram seu habitual senso da realidade e a crença num senso da realidade é o século vinte, as pessoas talvez não a tenham mas de fato a valorizam.

Eles são engraçados mesmo agora são engraçados, todos os camponeses da vila, bem nem todos mas vários deles comiam seu pão acompanhado com vinho, atualmente têm até geléia em seu pão, boa geléia feita com uma mistura de damascos e maçãs, como é que conseguem ao mesmo tempo não sei direito, sim talvez damascos tardios e as primeiras maçãs, é muito bom.

Então estávamos conversando e eles me falaram, agora me diga, por que a Câmara francesa vota pela continuação da sua própria existência por mais dois anos, e nós, ora claro que nunca temos nada na verdade para falar mas por que fazem isso, diga. Bem eu disse por que não, vocês sabem eles sabem e além do mais se estão lá por que não deveriam continuar lá. Muito bem disseram eles rindo vamos ser como a Espanha. Vamos fazer uma guerra civil. Bem eu disse do que adianta afinal depois de tanto se liquidarem a tiros eles vão ter novamente seu rei de qualquer jeito o filho do rei. Então para variar perguntaram eles, por que não temos o sobrinho do rei.

Esta é a maneira como se sentem a respeito, a única coisa importante é o cotidiano, e também os gangsters, e então o século vinte realmente não tinha nada a ensinar ao camponês francês portanto aquele era o pano de fundo adequado para a arte e a literatura do século vinte.

Os impressionistas.

O século vinte não inventou mas se perturbou muito com a produção em série, a produção em série começou na verdade no século dezenove, isto é bem natural, as máquinas estão destinadas a fazer uma produção em série.

Então embora as máquinas e a produção em série fossem objeto de mais perturbação no século vinte do que no dezenove, claro que foi uma coisa do século dezenove.

Os impressionistas e eles foram século dezenove tinham como sua aspiração e seu ideal uma pintura por dia, realmente duas pinturas por dia, a pintura da manhã e a pintura da tarde na verdade talvez fosse a da manhã cedo e do início da tarde e do final da tarde. Mas afinal há um limite para a mão humana afinal a pintura é pintura manual e então de fato mesmo em seus momentos de maior excitação eles raramente fizeram mais do que duas mais freqüentemente uma, e muitas vezes nem mesmo uma por dia, geralmente nem uma por dia. Tinham o sonho de uma produção em série mas como disse Monsieur Darantiere sobre a tipografia afinal eles não tinham os defeitos nem as qualidades das máquinas.

Então Paris era o pano de fundo natural para o século vinte, os Estados Unidos sabiam muito bem disso, conheciam demasiado bem o século vinte para criá-lo, para os Estados Unidos havia um glamour no século vinte que não o tornava material adequado para a atividade criadora. A Inglaterra recusava conscientemente o século vinte, com pleno conhecimento de que os ingleses haviam gloriosamente criado o século dezenove e de que talvez o século vinte fosse ser excessivo para eles, então negavam conscientemente o século vinte mas a França não se preocupava com ele, o que é foi e o que foi é, este era o ponto de vista deles do qual não tinham muita consciência, estavam ocupados demais com seu cotidiano para se preocupar com ele, por outro lado a segunda metade do século dezenove de fato não lhes interessou muito, não desde o final do movimento romântico, tinham trabalhado duro, sempre trabalham duro, mas a segunda metade do século dezenove realmente não lhes interessara muito. Como dizem sempre os camponeses todo ano chega a um fim, e eles gostam do ano quando o mau tempo não os impede de trabalhar, gostam de trabalhar, é um passatempo para eles o trabalho é, e assim embora a segunda metade do século dezenove não lhes interessasse eles trabalharam. E agora o século vinte chegara e talvez fosse mais interessante, se fosse para ser realmente interessante claro que não trabalhariam tanto assim, estar interessado algumas vezes impede que a pessoa trabalhe, o trabalho por ser então até algo perturbador e enlouquecedor. Então o século vinte chegara e começou com 1901.

TERCEIRA PARTE

Um americano que tinha lido até aqui até onde fora escrito disse-me, mas você não menciona a relação dos homens franceses com os homens franceses dos homens franceses com as mulheres francesas das mulheres francesas com as mulheres francesas das mulheres francesas com as crianças francesas dos homens franceses com as crianças francesas das crianças francesas com as crianças francesas. Não, não o fiz e por um motivo muito simples, não existe nenhuma relação entre eles, todo o contato entre todos eles é tão fixo e inevitável, tão definido e tão real que não há nenhum questionamento quanto à sua natureza, nem sua escolha nem seu erro. Não pode haver nenhum erro e eles não podem estar errados.

Certa vez conversando com a Baronne Pierlot uma amiga francesa muito antiga ela se interessou quando eu disse mas Madame Pierlot é natural, não disse Madame Pierlot pode ser natureza mas não é natural. Ela tem

86 anos e sua neta oito e é difícil às vezes saber se ambas têm 86 ou se ambas têm oito.

Uma vez escrevi e perguntei do que adianta ser menino quando se é criado para ser um homem do que adianta e do que adianta. Mas na França um menino é um homem da sua idade da idade que ele tem e então não vem ao caso um menino crescer para se tornar um homem e do que adianta porque a cada etapa de estar vivo ele é inteiramente um homem vivo naquele tempo.

A isto se deve a relação muito curiosa de todo francês com sua mãe. Assim como ele está sempre vivo o tempo inteiro e a cada momento do tempo como um homem do mesmo modo ele é sua vida inteira continuamente um filho dependente da sua mãe. Não há ruptura nessa dependência mesmo quando o homem tem sessenta anos e isto muito freqüentemente acontece na França, o homem é sempre dependente da sua mãe, e então um francês é sempre um homem porque não há nada inevitavelmente diferente entre ser um menino e ser um homem na vida de um francês e ele é sempre um filho porque depende sempre da sua mãe no que se refere à sua força sua moralidade, sua esperança e seu desespero, seu futuro e seu passado. Um francês sempre se despedaça inteiramente quando sua mãe morre, tem sorte quando outra mulher entra em sua vida e se torna uma mãe para ele.

E agora estamos novamente em agosto e setembro e há novamente uma crise e novamente os agricultores os gentis agricultores falam da vida como ela é. Um dos mais gentis outro dia me disse. Pensávamos não apenas nós mas todos pensávamos que havia reis que eram ambiciosos que eram cobiçosos e que levavam infelicidade ao povo que não tinha nenhum meio de resistir a eles. Mas agora ora a democracia nos mostrou que o mal são os grosses têtes, os figurões metidos a besta, todos os figurões cobiçam dinheiro e poder, são ambiciosos que é o motivo pelo qual são metidos a besta e eles estão à frente do governo e o resultado é infelicidade para o povo. Falam em esvaziar a presunção dos grosses têtes mas agora sabemos que haverá outros grosses têtes e que serão a mesma coisa.

Ele sacudiu a cabeça tristemente e voltou para sua colheita.

E assim não adianta continuar a não ser pelo fato de que os verões se seguem um ao outro e de que a moda acompanha as estações.

Quem gosta de moda se cansa das crises, e o francês gosta de moda não apenas gosta mas naturalmente a cria e as crises de vez em quando ajudam a moda, uma crise ocasional sim, mas não muitas, muitas crises em sucessão atrapalham a moda e então ontem um operário me disse já estamos cansados do que eles nos obrigam a fazer estamos cansados de crises. E tinha razão, a estação e a moda que vem com as estações são coisas de que a

França vive, a terra tem suas estações e o povo que vive nessa terra tem modas e é isso aí.

A moda é tão natural, estávamos todos juntos numa casa aqui no campo e alguém disse alguma coisa sobre o pai de Madame Pierlot, o que ele era. Ah foi a resposta, Madame Pierlot tem 86 anos e assim todos os que são mais jovens naturalmente esqueceram seu pai, mas ah alguém respondeu, quando subimos para o sótão e procuramos roupas para nos vestir sempre encontramos uma peça de arminho e nesse arminho está escrito o nome do pai de Madame Pierlot. Que tipo de arminho perguntou alguém, e o arminho foi descrito, ah sim foi a resposta neste caso ele era juiz da Cour d'appel. Há modas que mudam e modas que não mudam ou modas que mudam lentamente mas há sempre modas. Mas modas como disse o operário não podem existir quando há interferências de fora, uma crise ocasional está bem mas não um excesso de crises.

Por isso é que o americano casado com uma francesa comentou minha irmã americana enfrenta maravilhosamente uma crise mas minha esposa francesa dá um jeito para que não surja uma crise.

Há também outra questão, certa vez há muito tempo correu um boato sobre terremotos no verão e a criada de uma amiga nossa que morava na avenue Victor Hugo disse que muito breve teríamos um terremoto em Paris, mas por que disse minha amiga, indignada, ah porque Madame claro que devemos suivre le mouvement*, seguir a moda.

Mas importante é lembrar que os franceses sabem a diferença entre uma moda e algo que está sendo feito que não é moda, algumas pessoas seguem tudo mas os franceses têm um sexto sentido, sabem o que é uma moda e o que não é uma moda, e apenas imitar como fazem alguns países não é seguir uma moda, e claro que eles não querem ter nenhuma sensação de obrigação nem de obediência, obrigação e obediência são a morte da moda e por isso como disse o operário já estamos cansados do que nos obrigam a fazer.

E então talvez tudo isso seja apenas um treinamento contra incêndio, quando digo tudo isso refiro-me à guerra e ao pensamento da guerra, os franceses dizem se você consegue lembrar três gerações de guerra é o bastante, você lembra seu pai, ele comeu cabeças de cavalos na guerra de 1870, você lembra seu marido morreu em 1917, e seu irmão que foi aprisionado na Suíça e isto custou muito dinheiro, e seu filho e ele está agora em casa de licença e foi chamado antes de sua licença terminar por um telegrama dizendo que voltasse para seu regimento e imediatamente, uma coisa como essa incluindo uma filha que era professora numa escola e estava casada há apenas cinco meses e teve ordens para evacuar as

*Seguir o movimento. (*N. da E.*)

crianças da escola, tudo isso era o bastante para fazer explodirem os miolos de qualquer um.

Mas afinal talvez seja apenas um treinamento contra incêndio, talvez seja apenas um faz-de-conta, qualquer francês sabe que não se pode realmente saber a diferença entre o que é perigo e o que não é.

Certa vez eu estava no navio indo para os Estados Unidos. Abbé Dimnet também estava lá e conversavam sobre um treinamento contra incêndio, houve um, todos deveriam colocar o material de segurança e um barco foi baixado mas ninguém entrou no barco, Abbé Dimnet estava indignado, disse-me que deveriam entrar no barco, diga ao capitão, eu disse, direi, ele disse, ele voltou, o que o capitão disse que eu perguntei, ele disse, disse ele furioso, ele disse que não se podia entrar no barco a não ser que se fizesse o navio para isso seria perigoso demais e parar o navio era caro demais e tomava muito tempo. O Abbé Dimnet estava furioso ele disse sim esta é a maneira como eles preparam eles preparam e nunca sabem se podem fazer aquilo para o que são preparados.

Os franceses são corteses, são assim naturalmente, jamais pensam numa inspeção de surpresa, sempre pensam em anunciá-la antecipadamente, de modo que tudo esteja preparado para ser inspecionado e de modo que ninguém tenha qualquer sentimento desagradável, e por que não, é sempre mais agradável ser cortês e como os franceses são inteiramente francos, não conseguem mentir, se você deixar qualquer encanador qualquer pessoa conversar por um tempo longo o suficiente, eles sempre contarão a verdade. Eles têm um senso de realidade tão íntegro que não podem realmente mentir, não conseguem mesmo por acaso não dizer os fatos como são, e assim podem ser tão corteses quanto desejarem em qualquer ocasião, porque a cortesia não interfere nos fatos, a cortesia é só outro fato.

Certa vez tivemos um incêndio na chaminé e então decidimos aquecer com eletricidade. Tivéramos vários incêndios em chaminé e estávamos cansadas deles e era inverno e queríamos que o novo sistema fosse instalado rapidamente. Um francês que veio conversar a respeito disse que o instalaria mas não muito depressa, mas você deve fazer isso depressa dissemos mas ele disse que faria o melhor que pudesse mas não tão depressa quanto pensávamos, finalmente ele disse está bem seria feito depressa, estão vendo disse ele refletidamente é atavismo, tratando-se de senhoras e me pedindo para fazer isso depressa, não posso deixar de atender, preciso fazer o que me pedem, é, disse ele, com um sorriso resignado, é atavismo. E era e ele fez o serviço de fato muito depressa.

Ah sim a vila é triste, os homens foram todos embora e uma das mulheres que passavam disse ah sim e agora novamente é noite, ora sim novamente é noite.

E assim a França não pode mudar pode sempre ter suas modas mas não pode mudar. E isto me leva aos cães.

Os cães franceses que são nativos são cães úteis belos cães mas são cães que trabalham. São cães pastores e cães de caça.

Essa coisa dos cães é engraçada. Os cães se parecem com o país que os cria ou pelo menos supomos isso. Os cães sem dúvida são como seus donos de quem ficam perto o tempo inteiro. Gosto da palavra passatempo como os franceses a empregam, soa tão parecida com a palavra inglesa e no entanto os franceses a fazem tão sua, quem a teve primeiro isto não sei, mas eles com certeza a usam talvez melhor. Os cães que não são úteis são um passatempo, como uma mulher certa vez me disse, temos muito prazer com os cães porque se pode mimá-los como não se pode mimar uma criança. Quando as crianças são mimadas demais, arruinamos seu futuro mas os cães podemos mimar sem pensar no futuro e isso é um grande prazer.

Então os cães franceses que são úteis são nativos, os variados cães pastores e os variados cães de caça, eles são lindos e são úteis, são companheiros mas não bichinhos de estimação, não podem ser mimados com prazer para quem mima como são mimados os bichinhos de estimação, além disso o animal útil nunca é uma coisa que esteja na moda ou fora de moda, sempre gosto da história do pastor que vivia perto de Aix-en-Provence, ele levava seu cão para matá-lo costumava matá-los enforcados, quando completam oito anos não se interessam mais por carneiros, e como é preciso lutar pelo pão de cada dia não se pode manter um cão que não está mais interessado em seu ofício. Sabem que aos oito anos ele vai parar de se interessar por cuidar de carneiros e então com lágrimas escorrendo dos olhos lá vai ele enforcá-lo. Há outra bela história de um cão em Aix-en-Provence, havia uma moça num café que gostava muito de um cão que costumava ir lá regularmente com um homem e ela regularmente lhe dava um torrão de açúcar, um dia o homem entrou sem o cão e disse que ele estava morto. A moça estava com o torrão de açúcar na mão e quando ouviu dizer que o cão estava morto ficou com lágrimas nos olhos e comeu o torrão de açúcar.

Os franceses precisam ter como cães de estimação os estrangeiros, que eles modificam e arrumam à sua própria maneira, e a moda desses cães muda, na maioria eles sempre voltam de novo, isto desde que conheço a França, primeiro foram os poodles e depois foram os grifos belgas, os fox-terriers, sempre chamados de raposa*, da primeira vez que ouvi chamá-los de raposa pensei que era mesmo uma raposa até que o vi, e também os cães lobos alsacianos

**Fox*, no original. (*N. da T.*)

e os pequineses e depois terriers com o pêlo eriçado e agora os poodles, tendo eles inventado uma nova maneira de raspar o pêlo dos poodles e uma nova cor para os poodles, então eles voltaram e dessa vez ao mesmo tempo voltaram os fox-terriers. Agora como todos esses cães não têm nenhuma utilidade podem tornar-se elegantes, porque a moda não deve jamais ser útil, deve com muita freqüência ser exótica, e é preciso sempre torná-la francesa. Isto é o que moda é e deve mudar.

O que me leva outra vez de volta à questão da semelhança de um cão com o povo do seu país.

É um quebra-cabeça o motivo de serem todos os cães alemães um tanto tímidos gentis amistosos e obedientes, eles são assim, os característicos cães alemães, alegra-nos que algumas vezes eles o povo seja assim porque as pessoas e os cães devem parecer-se num país onde nasceram e foram criados e procriaram. Há os poodles, os dachshunds, até o cão que é uma espécie de touro, o cão Bismark é gentil e o cão policial negro alemão é um animal muito mais gentil do que o cão lobo alsaciano, é uma coisa engraçada isso, gostando de poodles e sempre tendo um preocupome com tudo isso. Pensei que os poodles fossem franceses mas a linhagem francesa precisa sempre ser renovada através da alemã, e o pincher alemão é muitíssimo mais gentil do que nosso pequeno cão Chichuachua com o qual se parece, e assim tudo seria um quebra-cabeça se não existisse a convicção de que a lógica está certa, e é mais forte do que a vontade do homem. Veremos.

O produto artístico característico de um país é a pulsação do país, a França produziu melhores chapéus e modas do que nunca nestes últimos dois anos e está por isso muito viva e a música e os músicos alemães estão mortos e desaparecidos nestes últimos dois anos e então a Alemanha está morta bem vamos ver, é assim mesmo, claro que todas essas coisas são mesmo verdadeiras.

A fantasia e imaginação de cada país é muito diferente. Acabei de escrever um livro infantil chamado The World is Round* e uma amiga inglesa que mora aqui na França porque é casada com um francês, Betty Leyris, tem um bebê de três meses, e eu disse que lhe daria um exemplar para o pequeno Johnny quando ele soubesse ler. E disse Betty espero que quando ele tiver idade suficiente para ler o mundo ainda seja redondo.

Ora esta é uma imaginação puramente inglesa esta e então cada país é importante em diferentes ocasiões porque o mundo em geral precisa de uma imaginação diferente em diferentes ocasiões e então há a Paris França de 1900 a 1939, onde todos tinham de ser livres.

A guerra continua esta guerra e estávamos todos esperando e o telefone tocou, ora e era a Mère Mollard anun-

---

*O mundo é redondo. (*N. da T.*)

ciando que suas quenelles* lhe haviam pregado uma peça, ela tinha gelo e as colocara no gelo levara-as para fora a fim de examiná-las e elas azedaram. Ora de qualquer jeito mesmo quando não há nenhuma comida e há uma guerra e ela não é uma boa cozinheira cozinhar é importante.

Dr. Chaboux saiu-se bem não tentou mas matou uma lebre na estrada com seu automóvel e fomos convidadas para comê-la, com lebre ensopada é preciso sempre comer batatas cozidas e realmente as batatas cozidas e a lebre estavam muito boas. Dizem aqui no campo que as batatas são o mais saudável de todos os alimentos, sem dúvida eles comem muito pão também e vinho mas afinal, dizem, batatas são dadas aos doentes não se dá pão a eles, o pão é para os fortes, as batatas são para saudáveis e doentes, mas o que de fato importa em tudo isso é que, neste mesmo país onde o século vinte seria descoberto e celebrado nas artes as pessoas ainda são chamadas de Mère Mollard ou de Père Mollard ou de Fils Mollard** e eles chamam um pintor envelhecido de cher maître***. Fazem isso. Vale insistir em como é preciso ser inteiramente conservador ou seja especialmente tradicional para ser livre. E assim a França é e era. Algumas vezes é importante e outras não, mas de 1900 a 1939, não há dúvida de que foi.

---

*Almôndegas. (*N. da T.*)

**Mãe Mollard, Pai Mollard e Filho Mollard, respectivamente. (*N. da E.*)

***Querido mestre. (*N. do E.*)

A guerra é mais parecida com um romance do que com a vida real e este é seu eterno fascínio. É uma coisa baseada na realidade mas inventada, é um sonho tornado real, todas as coisas que compõem um romance mas não realmente a vida.

E isto faz a pessoa pensar muito sobre música, a guerra naturalmente faz música mas certamente nesta guerra, com todos realmente todos ouvindo o rádio, não há nada a não ser música. Havia uma canção que era cantada chamava-se Music In the Air*, mas quando esta canção foi composta ninguém realmente pensava que haveria toda essa música no ar.

Afinal os países realmente civilizados não fazem continuamente música, e este é o motivo pelo qual França e Inglaterra são os países mais civilizados. Não estão eternamente fazendo música.

E por isso a França foi tão importante no período entre 1900 e 1939, foi um período em que houve mesmo um sério esforço feito pela humanidade para ser civilizada, o mundo era redondo e realmente não deixaram nada desconhecido em cima dele e então todos decidiram ser civilizados. A Inglaterra tinha a desvantagem de acreditar em progresso, e o progresso na verdade não tem nada a ver com civilização, mas a França podia ser civilizada sem

*Música no Ar. (*N. da T.*)

ter em mente o progresso, ela podia acreditar em civilização em si e por si mesma, e então foi o pano de fundo natural para aquele período.

A relação dos homens com as mulheres e dos homens com os homens e das mulheres com as mulheres num estado de ser civilizado precisa ser muito considerada. Os franceses amam as mulheres mais velhas, ou seja as que têm mais experiência de vida, e isto tem algo a ver com civilização, eles não acreditam em camaradagem não com qualquer pessoa realmente, eles disseram em sua revolução Egalité Fraternité Liberté, mas essas qualidades deveriam ser deixadas para a guerra e a política, elas não são humanas. Humanamente falando, nem as francesas nem os franceses se interessam de fato por intimidade, intimidade é algo essencialmente pouco civilizado, a civilização torna os rapazes interessados numa mulher de trinta e interesse num espírito de igualdade com uma mulher muito jovem é mais ou menos sinal de senilidade e senilidade claro que não é civilizada.

Um soldado no front dessa vila escreveu uma carta, estava observando a desocupação das vilas alemãs e escreve, é triste ver as fazendas evacuadas, ver os animais deixando os lugares com que estão acostumados, isso é muito triste, você meu pai e eu, nós entendemos essa coisa mas minha mãe ela não entenderá.

Ora, essa é uma maneira de sentir e havíamos feito uma repentina visita a Paris e estávamos de volta aqui nas distantes montanhas e um dos lavradores, ele é um lavrador alto e barbudo que bebe uma porção de vinho mas apesar de tudo isso é um excelente lavrador, ele me perguntou o que as pessoas em Paris estavam fazendo. Estão todas carregando máscaras contra gás, respondi, ah sim ele disse, pour remplacer les muguets para substituir os lírios do vale como enfeite.

Um lavrador diz naturalmente essas coisas na França mas ele não é íntimo, não tem intimidade com homem, mulher ou criança ou animal, não é íntimo, não é civilizado ser íntimo e o francês precisa ser civilizado e para fazer isso precisa ter tradição e liberdade e com tradição e liberdade não se pode ser íntimo de ninguém.

Isto também era muito necessário neste século vinte, quando o presente era tão inteiramente dominante.

A única coisa com que qualquer francês se preocupa na guerra é não dormir em cima de palha, ninguém dorme em cima de palha, nenhum vagabundo francês nenhum soldado francês, eles precisam ter um teto sobre suas cabeças e algo feito de forma parecida com a de uma cama. A única coisa de que qualquer soldado francês se queixa é quando essa coisa terrível lhe acontece, quando ele precisa dormir em cima de palha. Outra vez, não é do desconforto, é da destruição da civilização que ele se ressente, e ele tem razão.

Sob outros aspectos a guerra está cheia de moda e os franceses, embora desejem a paz, percebem a característica de moda profundamente inerente à guerra.

Uma mulher da vila, isto foi antes de começar esta guerra um dia me disse, eles riam alegremente antes da guerra queria dizer a guerra de 1914 e desde então não riem, parecem divertir-se mas não riem, ela imaginava se era porque haviam esquecido ou se era porque não se devia rir, talvez ela disse se houver uma geração inteira que nunca ouviu falar de guerra eles ririam. Talvez não, ela disse, sentia que talvez não tornasse a acontecer nunca mais que alguém realmente risse.

A moda está em tudo menos em se fazer a guerra, mas a guerra faz modas.

De volta outra vez a 1900 quando havia modas mas nenhuma guerra.

Ora não exatamente porque havia uma guerra, há sempre quase sempre uma guerra em alguma parte mas não uma guerra geral européia.

É difícil acreditar que sempre haverá uma guerra geral européia e no entanto ora no entanto há alguma verdade em que sempre acontecerá uma guerra geral européia, há lógica nisso.

Eu estava no campo aqui na França em setembro passado o setembro em que não havia guerra. No verão moro no campo francês, numa pequena vila onde há talvez vinte famílias e eu as conheço todas e seus bois e vacas e cães, conheço todas, e eles me conhecem, meu carro e meus cães. Ora era aquele setembro quando não havia nenhuma guerra e eu me sentia como todos nos sentíamos e saí pela estrada caminhando com meus cães, e acabara de saber que um dos meus vizinhos Monsieur Lambert fora mobilizado como todos eram mobilizados porque talvez fosse haver uma guerra. Ele é um homem alto e magro, uma boa alma, bom agricultor e bom soldado, 45 anos. Encontreime com ele sua mulher e seu gado. E então eu disse o senhor está saindo Monsieur Lambert? Sim, ele disse, e minha mulher está chorando. Será que vai haver uma guerra, eu disse. Não, ele disse, minha mulher está chorando mas não vai haver uma guerra. Por que não, eu disse. Porque, ele respondeu, não é lógico. Veja tenho 45 anos, lutei a última guerra inteira, meu filho tem dezessete anos, ele e eu lutaríamos nesta guerra. Não é lógico Mademoiselle que eu aos 45 anos e que lutei na guerra, com um filho de dezessete anos, acredite numa guerra geral européia. Não é lógico. Ora disse ele, se eu tivesse sessenta anos e meu neto dezessete, ambos podíamos acreditar numa guerra geral na Europa e poderia haver uma guerra, mas eu com 45 e meu filho com dezessete, não Mademoiselle. Não é lógico. Mas, eu disse, isto está certo para o senhor, os franceses são um povo lógico, mas e os alemães e os italianos. Mademoiselle, ele disse, eles falam de maneira diferente, mas acreditam na mesma coisa.

Bem ele foi embora e depois de quase dez dias voltou e ali estava ele na estrada com sua mulher e seu gado, e eu caminhando com meus cães encontrei-o. Eu disse, Monsieur Lambert o senhor tinha razão não houve nenhuma guerra. Não ele disse não Mademoiselle não é lógico.

Hoje e agora há uma guerra encontrei-os e comentei que estava notando que o rapaz estava alto, é maior do que o pai. Ai de mim disse a mãe ele tem dezoito anos e será que a guerra vai demorar e levá-lo? Ela não chorava, ela refletia. Monsieur Lambert tem razão, portanto lógica é lógica, e talvez afinal não haja uma guerra geral européia, não uma guerra de verdade.

Então, há dois lados num francês, lógica e moda e é por isso que o povo francês é excitante e calmo.

Lógica e moda.

E então eles também dizem é guerra e precisamos ajudar-nos uns aos outros, na França eles não precisam ajudar um ao outro em tempo de paz, a alegria da paz é que todos podem cuidar de si mesmos, ou seja da sua unidade como família.

Esta é outra coisa interessante no povo francês, o fato de eles saberem disso.

É difícil voltar a 1901 agora que estamos em 1939 e em tempo de guerra.

Mas naquele tempo 1901 certo dia ao jantar todos falavam de guerra, era tempo de guerra então só que uma guerra russo-japonesa. A criada que servia à mesa ouviu de repente alguém dizer que o inimigo acabara de vencer uma batalha — ela carregava uma grande bandeja e a deixou cair e gritou ah são os alemães que chegaram. Naturalmente para ela guerra só significava alemães.

Claro que é terrível estar sempre sob a ameaça de guerra e ainda assim isso provoca mesmo alguma coisa interessante em relação à lógica e à moda.

É possível que os Estados Unidos não saibam que o mundo é redondo porque não há nenhuma ameaça de guerra. Claro que tiveram uma porção de guerras mas não tiveram nenhuma ameaça de guerra. Guerras e ameaças de guerra são coisas diferentes e ameaça de guerra talvez ajude mesmo a lógica e a moda.

Será que os americanos acham que o mundo é plano por causa do seu continente exatamente como a Europa sabe que é redondo porque Colombo partiu navegando da Europa para provar isso e mesmo que tivesse se deparado com um continente plano tinha certeza disso. Rússia e Estados Unidos têm na verdade uma tendência a pensar que o mundo não é redondo mas é, mas a lógica e a moda sabem que é redondo e também sabem que ele não pára de girar.

Então, mais uma vez de volta ao início do século vinte da França e de Paris e de todos ali e dali.

Mas ainda assim agora é 1939 e tempo de guerra, bem ela mal começava e tudo se agitava e um dia estávamos com nossos amigos os Daniel-Rops eles são nossos vizinhos no campo e ele esperava um telefonema para ir para Paris e o telefone tocou. Ele foi depressa atender, permaneceu afastado durante algum tempo e todos ficamos ansiosos. Ele voltou. Perguntamos o que era. Ele disse que as quenelles que Mère Mollard estava preparando para nós haviam amolecido.

Quenelles, ora quenelles são o prato especial deste país feitas de farinha de trigo ovos e peixe ou galinha moídas e batidas interminavelmente e depois enroladas e depois endurecidas no ar frio e depois cozidas num molho e são boas.

Todos rimos e lamentamos as quenelles mas era muito francês da parte dela com um filho no front preocupar-se com suas quenelles.

Cozinhar como todo o resto na França é lógica e moda.

Os franceses estão certos quando afirmam que a culinária francesa é uma arte e é parte da sua cultura porque se baseia na culinária latina romana e foi influenciada por Itália e Espanha. As cruzadas só lhes trouxeram novo material, não introduziram na França uma maneira de cozinhar e muito pouco foi mudado.

A culinária francesa é tradicional, eles abandonam o passado com dificuldade na verdade jamais o abandonam de fato e ao passarem pelas chamadas reformas nos séculos dezessete e dezenove, só as aceitaram ao se tornarem realmente uma moda em Paris, mas quando adotaram algo de fora como o bolo polonês baba trazido por Stanislas Leczinski, o sogro de Louis XV ou o croissant austríaco trazido por Marie Antoinette, adotaram completamente tão completamente que se tornou francês tão completamente francês que nenhuma outra nação a reivindica. A propósito o croissant austríaco era apressadamente feito no cerco de Viena em 1683 pelos soldados poloneses de Sobieski, para substituir o pão que faltava e foi chamado de "crescente" o emblema dos turcos contra quem lutavam.

Catarina de Médicis no século dezesseis trouxe cozinheiros e tornou as sobremesas elegantes, complicadas sobremesas italianas, antes disso não havia nada doce na França a não ser as frutas. Foi em 1541 que num baile ela introduziu essas sobremesas em Paris.

Durante o período de Henrique IV eles voltaram aos alimentos simples pois ele chamava a si mesmo de rei da Gonesse onde era feito o melhor pão da França.

Mas os franceses tinham idéias que as pessoas tendem a achar que são americanas e orientais, patos assados com laranjas e perus recheados com framboesas, eles comiam os perus jovens, e uma salada com nozes e maçãs no tempo de Louis XIV.

Os livros de culinária foram best-sellers na França durante todo o século dezessete e na apresentação do Dons de Comus, de 1739, foi dito que "a cozinha moderna é uma espécie de química", de modo que é evidente que a cozinha na França sempre foi lógica e moda e tradição, o que é francês.

Os sorvetes que vinham da Itália eram de frutas que eram moles mas eles os franceses fizeram com essa base um sorvete sólido que depois eles próprios chamaram de Napolitano, bem a seu jeito.

A lógica da cozinha francesa é que eles usavam todo o seu material de maneiras tão complicadas quanto podiam e isto foi refinado pelas influências estrangeiras que se tornaram a moda até a morte de Louis XIV e sob a Regência eles tiveram uma explosão completa de inspirados cozinheiros e culinária franceses completamente franceses, o próprio regente tinha um conjunto de caçarolas de prata e cozinhava com seus cortesãos e se dizia que as caçarolas de prata não eram mais valiosas do que as coisas que ele punha nelas. Mais da metade dos pratos da atual grande culinária da França foi criada pela corte, os homens e as mulheres, as grandes amantes daquele período ou eram muito religiosas ou cozinheiras maravilhosas e algumas vezes as duas coisas, os grandes homens da corte estavam todos interessados em culinária.

Os pratos criados por eles recebiam seus nomes, sem dúvida eram freqüentemente seus cozinheiros quem de fato os criavam, mas era o cortesão que ficava com o crédito e os tornava moda.

Louis XV preparava seu próprio café, nunca permitiu que nenhuma outra pessoa fizesse seu café.

A coisa especial com relação a todos os pratos daquele período eram os molhos, aqueles pratos praticamente todos eram famosos por causa dos seus molhos, cozinhar o prato era importante mas o molho era a criação. O material para o recheio daqueles pratos foi imensamente desenvolvido naquele período.

Outra coisa que eles descobriram naquele tempo foi o uso de gemas de ovos em vez de migalhas de pão para engrossar seus molhos, e isto como se observa claramente revolucionou a culinária e os molhos. Foi uma invenção puramente francesa.

A Revolução claro parou a culinária e sob Napoleão que não sabia o que estava comendo, raramente manifestava uma preferência mas pedia ao seu cozinheiro para lhe dar algumas salsichas abertas e seu cozinheiro aborrecido preparava um prato sofisticado com ingredientes finamente cortados, Napoleão comia-o sem saber sequer que não eram salsichas.

Mas naquele momento para salvar a culinária francesa, Antonin Carême começou a cozinhar e ele é o criador da atual culinária francesa, mas claro que agora muito simplificada porque naquele tempo nem o material nem o trabalho tinham a menor importância.

Ele fez um suco para usar em molhos uma essência composta de carne de vitela e cinco perus mas isto só produzia um quarto do suco.

Novamente tradicional, ele resgatou os elaborados pratos convencionais quase todos da França medieval e do Renascimento, mas cujo sabor fora sofisticado e refinado por todo o material para culinária que entrara no país desde então.

Sob Louis-Napoleon os escritores e poetas bem como os financistas e a corte tornaram-se os apreciadores e críticos da culinária, então Dumas escreveu um livro de cozinha, e isto continuou até o cerco de Paris pelos alemães e lá nos porões eles cozinhavam tão elaboradamente quanto podiam para disfarçar as coisas estranhas que tinham de comer.

Quando os restaurantes se tornaram moda em meados do século dezessete qualquer pessoa que tivesse dinheiro suficiente ia neles e foi assim que aprenderam a comer, os restaurantes tinham grandes cozinheiros e de fato foi sempre através dos restaurantes que a boa culinária e a moda na culinária se difundiram pela França inteira.

Os restaurantes deram prosseguimento à tradição de popularizar culinária complicada e boa que dificilmente poderia ser feita numa cozinha simples e tudo isto até o início da República depois do cerco de Paris quando mais ou menos todos a certa altura mesmo as classes mais baixas e médias conheciam os grandes pratos da culinária francesa mesmo não sendo muito bem preparados. Mas em vários lugares eles ainda cozinhavam muito bem assim como também faziam os grandes pratos e isto me leva à Paris que conheci pela primeira vez quando o Café Anglais ainda existia.

No Café Anglais o orgulho que eles sentiam da culinária francesa expressava-se na perfeição dos pratos simples, um lombo de carneiro tão perfeitamente e tão delicadamente assado que em si tornava-se calmo e excitante, um frango assado no Voisin com a mesma perfeição, os molhos nesses lugares em vez de serem complicados tornavam-se simples e perfeitos, isto foi no início do século vinte.

Ao mesmo tempo que existiam esses restaurantes que transformaram a perfeita sofisticação em perfeita simplicidade havia os restaurantes para a classe média cuja simplicidade começava a ser um tanto pesada, e a culinária para a classe baixa, em que a simplicidade começava a se tornar um pouco banal demais e todos naturalmente ainda conversavam sobre culinária.

O silêncio que sempre se faz numa sala de jantar francesa ou num restaurante francês quando um novo prato é apresentado não importa quão pobre quão rico quão simples ou quão complicado seja o prato ainda acontece sempre mas Paris desapontava um pouco os provincianos quando vinham a Paris.

Lembro-me de ouvir uma francesa dizer que ainda se lembrava de quando era criança e moravam na província, da maravilha e da reverência quando parisienses chegavam trazendo alguma comida de Paris. Agora ela disse os parisienses compram tudo o que podem de bolos e de iguarias e levam para Paris. As províncias estavam com um padrão de culinária mais elevado do que a capital.

Então a culinária decididamente caía naquele período imediatamente anterior à guerra, eles ainda falavam a respeito dela, fazia-se ainda o silêncio diante do novo prato, as províncias ainda tinham boa comida, mas a comida de Paris não era mais delicada e perfeita. E aí veio a guerra.

Depois da guerra houve a americanização da França, automóveis que os impediam de ficar em casa, coquetéis, a preocupação de gastar dinheiro em vez de economizá-lo, porque gastar dinheiro é sempre uma preocupação para o povo francês, se podem economizar a vida é interessante, se gastam a vida é tediosa, e então o surgimento dos fogões elétricos e a necessidade de não cozinhar por tempo excessivo, em suma a culinária francesa foi-se e havia muito poucas casas em Paris praticamente nenhuma onde a culinária fosse considerada uma arte.

E então devagar ela começou novamente. As pessoas começaram a conversar sobre alguma cidadezinha distante onde uma mulher cozinhava, realmente cozinhava e todos iam até lá por maior que fosse a distância, formou-se o Clube dos Cem para encorajar a culinária, o Clube dos Quatrocentos foi além do Clube dos Cem.

Houve Madame Bourgeois numa cidadezinha perdida no centro da França. Ela e seu marido que haviam sido criados num dos lares da França que ainda se importavam com culinária tinham herdado um pequeno café naquela pequena cidade por onde não passava nenhuma estrada para qualquer parte nem mesmo uma ferrovia. E ela começou a cozinhar, ninguém aparecia a não ser uns poucos pescadores e os comerciantes locais e todo dia ela cozinhava seu melhor jantar para eles, e então um dia depois de dois anos assim, um homem de Lyon apareceu por acaso, um advogado e ele gostou do seu jantar e lhe perguntou se ela aceitaria cozinhar para uma dúzia dos seus amigos que comemorariam a Legião de Honra de um deles e ela disse que sim, e dali em diante o lugar ficou famoso e ela sempre cansada mas cozinhando com a mesma perfeição.

A culinária era simples o século vinte parecia desejá-la simples mas era menos delicada e um pouco mais condimentada do que no último dos grandes restaurantes de Paris.

E então veio o tempo em que as províncias ditavam a moda para Paris.

Não havia mais uma cuisine de Paris, havia culinária regional e Paris tinha de aprender com as províncias, em vez de as províncias aprenderem com Paris.

Em setembro último 1938 quando a guerra não veio um dos nossos amigos aqui do campo, grande cozinheiro e grande gourmet, foi convocado como capitão da reserva e teve uma guarnição inteira para organizar. Tenho uma encantadora foto sua, tirada por um visitante desgarrado, um jornalista polonês, ele está olhando agressivamente para um soldado e a conversa foi a seguinte. Por favor, disse o capitão d'Aiguy, prepare para nós um bom risoto, não posso, meu capitão, disse o soldado que era cozinheiro de um dos grandes restaurantes de Paris, porque não tenho a base para um molho. A base para um molho, disse o capitão pálido de fúria, você tem material com que cozinhar, tudo o que quer e não pode fazer seu molho você precisa ter uma base, o que quer dizer com uma base. Mas por favor, disse o trêmulo cozinheiro, em Paris sempre temos uma base para um molho e a colocamos na panela e depois misturamos com o molho. Sim, disse o capitão d'Aiguy e o gosto é disso mesmo. Deixeme ensinar-lhe culinária francesa. Você tem o material e faça seu molho.

Ora agora a guerra começou novamente 1939 e os soldados todos falando sobre sua comida, e talvez quando voltarem ocorra uma nova explosão de culinária francesa, estava em preparo, as influências estrangeiras desgastaram-se depois da guerra de 1914 e agora com todos outra vez em casa naturalmente pensarão em culinária.

Quando se conhece de fato pela primeira vez os franceses uma das primeiras coisas que nos deixam confusos é a insistência em sua latinidade. Não consideram os italianos nem os espanhóis latinos, mas eles os franceses são latinos, insistem em ser gauleses mas assim mesmo são latinos. Finalmente percebi que o que queriam dizer era que o espírito da latinidade era mantido mais puro por eles os galo-romanos do que na Itália que perdeu sua latinidade ao ser conquistada pelos bárbaros e nunca a recriou, mesmo que eles adotassem as formas e os símbolos de Roma a cultura latina no essencial saiu da Itália e nunca existiu na Espanha então seu verdadeiro lar era a França. E há muito de verdade em tudo isso. De início eu não sabia sobre o que eles falavam mas aos poucos comecei a sentir o que queriam dizer com sua latinidade.

Claro que eles se referiam à lógica, o único povo que estava interessado em lógica era o romano, lógica porque os povos lógicos jamais são brutais, jamais são sentimentais, jamais são descuidados, jamais são íntimos, eles são em suma calmos e excitantes, e isso quer dizer que são franceses. Os franceses entendem a guerra porque são lógicos, não se importam em ir para a guerra porque são lógicos, e ser lógico é ser latino. Foi isso que fui aos poucos entendendo. Levei muito tempo para realmente entender isso.

Ser latino era ser civilizado ser lógico e ser elegante e os franceses eram e sabiam disso. Explicavam isso de tantas maneiras que demorava um longo tempo para se perceber, talvez fosse na descrição da sua educação que entendi melhor.

A relação dos franceses com Napoleão talvez seja a coisa mais curiosa neles, porque Napoleão só era latino na medida em que era soldado, não era civilizado não era lógico e não era elegante. É realmente a única ocasião em sua história em que eles não foram completamente franceses, mas foi bastante natural, a revolução os sentimentalizara e de maneira bastante estranha só quando surgiu o movimento romântico tornaram-se novamente franceses. Napoleão como não era francês tinha um glamour para eles e além disso foi naquele momento que tiveram pela única vez em sua história uma idéia da propaganda de como era tentar fazer outros povos pensarem como eles pensaram. A propaganda não é francesa, não é civilizado querer que outros povos acreditem no que se acredita porque a essência de ser civilizado é dominar a si mesmo como se é, e quando se domina a si mesmo como se é claro não se pode dominar mais ninguém, não é assunto seu. É por causa desse elemento de civilização que Paris sempre foi o lar de todos os artistas estrangeiros, eles são amistosos, os franceses, cercam a pessoa com uma atmosfera civilizada e a deixam dentro de si inteiramente para si mesma. E sua lógica também impossibilita que sejam propagandistas. Se há uma coisa no mundo que não é lógica é a propaganda, e também é a única coisa do mundo que nada tem a ver com moda. A diferença entre propaganda e moda é muito interessante.

Gosto de ouvir o povo francês falar da sua educação. Todos na França naturalmente contam sua educação, porque afinal toda educação tem inevitavelmente a ver com civilização. Eles nos contam, lembro-me de René Crevel contando sobre sua educação, qual o efeito que o lycée* tem sobre eles, não os torna um modelo de caráter nem de boas maneiras, como escolas parecidas fazem com os povos do Norte mas tem a ver simplesmente com a mente. François d'Aiguy diz que os lycées porque foram fundados por Napoleão marcam a mente da pessoa, o collège** ou a boîte as escolas católicas porque formam o caráter da pessoa não formam sua mente. Então o que você teria. A discussão sobre esse assunto é interminável e sempre volta à questão da latinidade. Ao mesmo tempo se tem orgulho de ser da linhagem camponesa e orgulho de estar sempre

*Liceu; estabelecimento público de ensino médio. (*N. da E.*)

**Estabelecimento privado de ensino médio. (*N. da E.*)

na juventude maduro para a revolução. Lembro-me de Lolo que amávamos muito e que sempre disse sou um camponês, bem acho que talvez fosse mas será que era. Era um camponês, assim dizia, era jovem e então era um revolucionário, assim dizia, e qualquer coisa que admirasse ele chamava com uma bela voz melodiosa de royale. Explicou muita coisa sobre revoluções.

Disse que todos os franceses do sexo masculino tinham de ser revolucionários, ou seja tinham de estar em revolta, não importa o que tivessem tinham de estar em revolta, não pela publicidade mas pela civilização. Como se poderia ser civilizado quando não se passou por um período de revolta e depois se precisou voltar ao seu estágio pré-revolta e aí você estava você estava civilizado. Todos os franceses sabem que têm de se tornar civilizados entre os dezoito e 23 e que a civilização chega à pessoa pelo contato com uma mulher mais velha, pela revolução, pela disciplina militar ou por qualquer escape ou por qualquer sujeição, e então a pessoa é civilizada e a vida prossegue normalmente de uma maneira latina, a vida então é calma e excitante, a vida então é civilizada, lógica e elegante em suma a vida é a vida.

Este foi um dos problemas que os franceses da geração do pós-guerra tiveram naquilo que foi chamado de a época. Foi um francês quem me disse isso, ele disse que a guerra não é civilizadora e que os homens que estavam com idade entre dezoito e 23 na guerra perderam seu momento de se tornarem civilizados. A guerra não pode civilizar, é preciso a vida privada para civilizar, e claro que a publicidade tem o mesmo efeito que a guerra ela impede o processo de civilização.

Este foi realmente o problema do bando sur-realista, eles perderam seu momento de se tornarem civilizados, usaram sua revolta, não como coisa privada mas sim pública, queriam publicidade não civilização, e assim nunca conseguiram de fato serem calmos e excitantes, não conseguiram no verdadeiro sentido ser elegantes e certamente não conseguiram ser lógicos. Isto me leva de volta à Paris de entre 1900 e 1939.

Um dia desses alguém me contou que conheceu muito bem Debussy, que Debussy se orgulhava de ser um camponês claro que não era mas esta era a maneira como se sentia a respeito e de ser um músico francês. Disse que a música alemã havia parado com o império e assim a música francesa que era a música da civilização, da lógica e da moda, podia naturalmente começar. Não se achava que ele tivesse dito exatamente isso mas foi o que quis dizer.

Também disse que o império obviamente não era saudável para a Alemanha porque não se produzia nada em música, a música de lá enfraquecera-se com Strauss. Também se contava que ele dissera que Eric Satie tinha um dom natural extraordinário mas que não conseguia trabalhar. Ele sendo um camponês acreditava em trabalho. Qualquer camponês acredita.

A vida francesa tem em si elementos de estranheza. Na França uma menina é tratada como menina, ela é uma menina até ser uma mulher casada quando não é mais uma menina, mas e isto é extraordinário, uma menina de 21 ou 22 anos torna-se professora, e na França no campo uma professora tem de morar sozinha num prédio da escola. Uma menina vai para uma vila nas montanhas ou para uma vila nas planícies, ou para uma vila em qualquer parte e o prédio da escola jamais fica na vila, mas bem afastado dela inteiramente isolado com seus alojamentos para a professora, e ali ela mora sozinha, pode ser muito jovem mas lá está ela morando sozinha num prédio escolar vazio, fazendo seu trabalho, alimentando a si mesma e morando sozinha.

Quando realmente percebi isso fiquei surpresa e perguntei se não contradiz o sentimento sobre uma menina e sua proteção, não eles disseram, está estabelecido, e se está estabelecido que seja assim nada acontece que não devesse acontecer e muito evidentemente nada acontece. Até a solidão não parece realmente acontecer mesmo que o prédio escolar fique numa vila nas montanhas coberta de neve por longos meses.

Surpreendeu-nos mas não surpreende os franceses.

Então voltamos ao século vinte.

A coisa característica do século vinte era a idéia de produção em série, que uma coisa deveria ser como todas as outras coisas, e que todas deveriam ser feitas de forma parecida e em grandes quantidades. Como eu disse os impressionistas tinham a idéia de que era preciso fazer uma pintura por dia na verdade de preferência duas pinturas por dia, manhã e tarde. Isto era o século dezenove, e depois o século vinte acreditou que a pintura deveria ser inteiramente subjetiva e não objetiva, que eram os pensamentos que deveriam ser pintados e não as coisas vistas. E então naturalmente mais ainda do que uma pintura ou duas por dia ou até quatro poderiam ser pintadas porque pensamentos completos chegam o tempo inteiro e toda vez que qualquer um deles pensava que pensava um pensamento e este pensamento sendo pintado era completo.

O século vinte não estava interessado em impressões, não estava interessado em emoções estava interessado em concepções e então houve a pintura do século vinte.

Essas concepções todas têm a ver com o mundo ser redondo e todos sabendo tudo a respeito e havendo espaço ilimitável e todos sabendo tudo a respeito e se as pessoas sabem tudo a respeito de o mundo ser redondo e tudo sobre espaço ilimitável a primeira coisa que fazem é pintar a concepção que têm dessas coisas e isto a pintura do século vinte fez.

Mas, e isso é muito importante, a formação francesa nunca se desassociou da terra, o mundo é todo redondo e todos sabem tudo a respeito disso, mas mesmo sabendo, ainda existe chão, ele ainda está lá.

Eles os franceses eram os únicos que de fato sabiam que ele ainda estava lá, mesmo sendo na França onde a arte e a literatura do século vinte são feitas.

Fiquei muito satisfeita certo dia quando a mulher do médico local, ele e ela gostam de cavar um pouco e aqui, quando se cava um pouco, além de isto fazer as coisas crescerem, também há coisas romanas, e galo-romanas, e até anteriores a serem encontradas. Pois bem um dia saímos de carro e ela disse um dia quando os operários começaram a construir esta estrada ali naquela saliência estavam os ancestrais, uma porção de ossos deles. Lá há sempre vida e morte morte e vida e a terra e nunca há nada para ser lembrado ou sequer conversado a respeito, e é por isso que os franceses não fazem muita poesia lírica. Não se afastam da terra o bastante para olhá-la, pintam-na, mas não a poetizam.

Como sempre a arte é a pulsação de um país. Eu estava justamente pensando num bom título para um livro de arte. De Bismark a Hitler, qualquer um pode ver que desde 1870 e até 1939 a Alemanha não teve nenhuma arte. Quando um país se acha num estado tal que as pessoas que gostam de comprar coisas não conseguem encontrar nada para comprar há alguma coisa errada.

Uma vez, quando eu estava cruzando o continente americano, anos e anos atrás e ficamos presos na planície sem uma máquina para nos levar a qualquer parte, o jornaleiro que vendia coisas no trem veio e nos ofereceu dez bananas por dez centavos e depois acrescentou, quando um jornaleiro oferece a alguém dez bananas por dez centavos sabe-se que há alguma coisa errada.

Tal é o estado de uma nação quando não há arte que seja natural para essa nação, sabe-se que há alguma coisa errada. Desde que a Alemanha era um império não havia nada que alguém quisesse comprar e depois de comprado quisesse deixar para um museu, nem música nem cerâmica nem poesia, e então há alguma coisa errada. A condição de ser um império não era uma condição saudável.

Há algo muito interessante com relação a isso.

A França naturalmente nunca esteve interessada na pintura inglesa e apenas muito recentemente foi exibida a uma coleção de Blake e Turner. Os franceses ficaram espantados, sentiram que de alguma maneira aqui havia algo de que o século vinte tardio precisava. A pintura do jovem inglês Francis Rose afetou muitos de nós da mesma maneira, afinal quando se sabe que o mundo é redondo e que o espaço é ilimitado bem por que falar mais a respeito do assunto. Fatos são fatos. É um fato e então vamos saber dele mas não lembrá-lo. Todos os grandes fatos devem ser sabidos mas não lembrados como a terra para os franceses, e então pela primeira vez num longo tempo os fenômenos da natureza, trovoada e tempestades e montanhas e pássaros foram coisas entre as quais viver. Os ingleses que naturalmente vivem entre essas coisas mas na confusão de recusar o século vinte perderam sua vitalidade para criá-las eles os ingleses descobriam outra vez a coisa nova em sua velha coisa, a coisa que era natural para eles e assim nesta guerra de 1939 estão entrando na deles, idéias não são importantes mas luz e beleza é importante.

Os franceses com seu senso da moda sabem que os ingleses se reencontraram e dizem Cette fois nous avons un allié, les Anglais*.

*Desta vez nós temos um aliado, os ingleses. (*N. da E.*)

QUARTA PARTE

Gosto de palavras de uma sílaba e isto funciona muito bem na ordem francesa para a mobilização geral. A coisa impressa dá todos os detalhes e depois diz o exército de terre, de mer e de l'air*. Isto impressiona muito quando é lido em todas as vilas.

Poderia ser um enigma o motivo pelo qual os intelectuais de todos os países estão sempre querendo uma forma de governo que inevitavelmente os trataria mal e os expurgaria por assim dizer antes de qualquer outra pessoa ser expurgada. Sempre aconteceu desde a Revolução Francesa até agora. Isto seria um enigma se não fosse verdade que o mundo é redondo e que o espaço é ilimitado ilimitável. Acho que é isso o que torna o intelectual tão ansioso por um governo que arregimenta e que eles teriam tanta dificuldade para suportar.

*De terra, de mar e de ar. (*N. da E.*)

E então chega a guerra e ela tem suas vantagens, faz na verdade uma concentração de isolamento, há muito mais pessoas, animais e aves e crianças em tempo de guerra do que em tempo de paz, mas tudo isso conduz a uma concentração de isolamento, e isso é interessante.

E uma velha amiga francesa, Madame Pierlot, disse-me certa vez ela está agora com 88 anos e disse que agora ela é muito mais cortejada do que quando era uma moça fascinante. Fitzgerald certa vez me disse que é fácil seduzir os velhos. Mas esta não é a história completa e é fácil para os velhos seduzirem.

Talvez esta guerra torne as gerações novamente razoáveis, a última guerra destruiu por completo as gerações, e acho que a vida é inevitavelmente mais calma quando há gerações.

O que torna esta guerra outra vez real. Os uniformes dizem os franceses tornam todos mais jovens e depois quando se tira o uniforme isso torna todos mais velhos em medida equivalente. Na última guerra os uniformes foram usados tanto tempo que essa consciência se perdeu mas agora mais uniformes aparecem e somem, convocação e dispensa ocorrem mais freqüentemente, como Bernard Fay acabou de escrever voltei para Paris e muitos dos meus amigos foram dispensados e isto os deixa bastante envergonhados.

E então as gerações começaram novamente a existir.

Mas houve também o erro com relação a Kiki Vincent Madame Chaboux me contou o caso. É ela quem cozinhava a melhor lebre ensopada da região, e foi ela quem contou como ela e seu marido e dois amigos foram jantar numa pousada onde faziam uma especialidade de lebre ensopada e quando o prato lhes foi apresentado e o silêncio se fez sobre eles o silêncio com o qual o povo francês sempre recebe um prato, quase chorando o amigo disse mas não deixaram para nós nenhum morceau rond*, não havia nada ali além de quartos dianteiros, pernas e cabeças, não havia nenhum pedaço redondo, os pedaços redondos que tão deliciosamente vêm do centro do animal. Então agora nunca vemos uma lebre ensopada sem pensar nos morceaux ronds, cuja ausência causa uma dor pungente.

Encontramos Madame Chaboux saindo das casernas da guarnição, o que dissemos a senhora está fazendo aqui, ah ela disse fui procurar o capitão para falar de Kiki, Kiki Vincent.

Então quando quisemos saber ela nos contou.

A mulher da feira que vende manteiga e queijo sempre costumava, antes da guerra de 1939, sempre costumava vir numa carroça puxada por um cavalo branco. E agora havia a guerra, os cavalos tinham sido confiscados e ela veio num velho automóvel. Madame Chaboux

*Pedaço redondo. (*N. da E.*)

comprou sua manteiga e queijo e perguntou se toda a família estava bem, e a vendedora de manteiga começou a derramar lágrimas em cima do queijo. Todos ela disse menos Kiki. Mas eles não levaram Kiki disse Madame Chaboux, ah mas levaram sim, foi a resposta, ele tinha vinte anos o bom cavalo Kiki mas não aparentava sua idade, parecia sempre jovem e assim quando estavam tomando cavalos, não tivemos nenhuma prova de que ele tinha vinte anos mas tinha vinte anos e costumava botar a cabeça para fora do estábulo bem em frente à minha cozinha e conversávamos um com o outro e meu marido diz que não é nada mas está sofrendo e as crianças quando saímos dizem onde está Kiki Vincent, será que ele voltará e claro embora parecesse tão jovem tinha vinte anos, claro que não voltará. Madame Chaboux disse que se tivesse o número dele veria se podia ser encontrado talvez não tivesse ido longe, então ela foi procurar o capitão com o número, 73726 e embaixo escrito Kiki num pedaço de papel, e havia dois cavalos que ainda não tinham partido mas o número deles era diferente, e ela tomou os números deles também num pedaço de papel, 72943 e 74056 mas não eram Kiki. O capitão disse que se tivesse sabido a tempo poderia ter salvo Kiki mas agora Kiki partira.

Tenho os dois pedaços de papel com os números mas Kiki se foi, e a vida militar é dura para os cavalos então Kiki Vincent se foi.

Os franceses gostam de chamar os animais com nomes atuais, os nomes de pessoas não mudam muito mas eles gostam de seguir a moda nos nomes dos animais.

Sempre me agradou que os meninos franceses muitas vezes se chamem Jean-Marie, pode-se usar um nome de mulher para acompanhar o nome de homem, santifica o nome masculino acrescentar-lhe o nome de mulher, e isto é civilizado e lógico e talvez seja elegante, sempre existiu.

Mas os nomes de animais são uma questão diferente, há todos os nomes habituais e há outros. Lembro-me do prazer de ouvir um fazendeiro chamar um dos seus bois de Landru, é realmente seu nome perguntei, ah sim, ele disse, mas não porque seja um assassino, ah não, disse ele, apenas por gostar do nome. Claro que a maioria das cadelas se chama Diane, é inevitável, mas todos os terriers têm nomes ingleses, são chamados de Jimmie e Tom, e um deles é conhecido como Nickey Boy de Belley.

O nome do nosso cachorro é Basket e os franceses gostam disso, soa bem em francês e combina otimamente com Monsieur, as crianças todas o chamam de Monsieur Basket, mais ou menos para rimar com casquette*.

Esse foi o primeiro Basket.

Amávamos de verdade o primeiro Basket e ele era raspado como um verdadeiro poodle e ele fasait le beau**

---

*Boné. (*N. da E.*)

**Sentava nas patas traseiras. (*N. da E.*)

e sabia perguntar como vai, tinha dez anos e no outono passado pouco depois de nossa volta para Paris, ele morreu. Choramos e choramos e finalmente todos disseram arrumem outro cachorro façam isso imediatamente.

Henry Daniel-Rops disse arrumem outro o mais parecido possível com Basket chamem-no pelo mesmo nome e aos poucos haverá confusão e vocês não saberão qual Basket ele é. Eles fizeram isso duas vezes com sua pequena Teneriffe branca que chamam de Claudine.

E então encontrei Picasso e ele disse não, nunca arrume o mesmo tipo de cão novamente nunca, ele disse experimentei uma vez e foi terrível, o novo me lembrava o antigo e quanto mais se parecia com ele pior era. Por que disse ele, imagine se eu morresse e você saísse por aí e mais cedo ou mais tarde conhecesse um Pablo mas não seria eu e seria a mesma coisa. Não, nunca arrume o mesmo tipo de cão, arrume um sabujo afegão, ele tem um, e Jean Hugo disse que eu podia ter um, mas eles são tão tristes, eu disse, está bom para um espanhol, mas não gosto que os cachorros sejam tristes, ora ele disse arrume o que quiser mas não o mesmo, quando saí ele repetiu não o mesmo não não o mesmo.

Então tentamos ter o mesmo e não ter o mesmo e houve um poodle branco muito grande oferecido a nós que parecia um jovem bezerro com manchas negras e outros cachorrinhos muito desagradáveis com pequenos olhos cor-de-rosa e então finalmente encontramos outro

Basket e ficamos com ele e o chamamos de Basket e ele é muito alegre e não posso dizer que a confusão entre o velho e o novo já tenha ocorrido mas certamente le roi est mort vive le roi* é uma atitude normal da mente.

Fiquei um pouco preocupada com o que Picasso diria quando visse o novo Basket que era tão parecido com o velho Basket mas felizmente o novo Basket fica em pé em cima das pernas de uma maneira indefinível, um pouco da maneira como um sabujo afegão fica em pé nas dele embora Basket o novo Basket seja puro poodle, argumentei isso com Picasso quando nós e nossos cães nos encontramos na rua e isso mais ou menos o reconciliou.

É bastante interessante que os franceses tenham dito arrume o mesmo cão, e os espanhóis tenham dito não não arrume o mesmo. O francês percebe a inevitabilidade do le roi est mort vive le roi, mas o espanhol não reconhece a inevitabilidade das semelhanças e da continuação. Simplesmente não faz isso mas um francês simplesmente faz.

E agora este Basket sendo um cão de guerra, ou seja vivendo todo o tempo conosco no campo em tempo de guerra em grande medida é um cão de aldeia e embora a aldeia passe muito tempo discutindo se ele é mais bonito ou menos bonito do que o último que tivemos, se ele é maior e se é mais afetuoso as crianças gostam dele mas o tratam com

*O rei morreu viva o rei. (*N. da E.*)

menos respeito, chamam-no de Basket familiarmente não o chamam de Monsieur Basket, existe essa diferença no caráter deles, quero dizer no caráter deste Basket e do outro Basket. Mas apesar de tudo isso ele é um Basket muito doce, qualquer cão que a pessoa ame é um cão muito doce e a pobre Madame Pierlot acabou de perder seu Jimmie e ele tinha exatamente a mesma idade do outro Basket.

Os nomes são sempre interessantes, e no jornal local desta manhã descobri que Mademoiselle Pierette Davignon, ex-modista acabou de morrer aos 81 anos.

É um nome maravilhoso este, Mademoiselle Pierette Davignon.

É preciso mesmo uma guerra para fazer a pessoa conhecer um país, eu só conhecera Paris até 1914 e então aprendi a conhecer a França, e agora morando novamente aqui durante todo o inverno numa cidade provinciana francesa mais uma vez percebo que uma guerra nos põe em contato com tantas coisas e tanta gente e, ao mesmo tempo, concentra nosso isolamento. Sem dúvida é isso que uma guerra faz e é inconscientemente uma das coisas que fazem as guerras acontecerem, essa coisa.

Afinal os seres humanos são assim. Quando estão sozinhos querem estar com outros e quando estão com outros querem estar sozinhos e a guerra de alguma forma concentrando tudo isso destrói e intensifica isso.

Ora a guerra nos faz mesmo perceber a marcha dos séculos e a sucessão das gerações.

As guerras do século dezenove foram inventadas pelos cidadãos da Primeira República francesa. Eles inventaram uma nação em armas, Napoleão mais ou menos estragou tudo, ele voltou para o combate pré-revolucionário, fez isso muito bem mas afinal era o combate do século dezoito e não o combate do século dezenove, Wellington na verdade foi mais século dezenove do que Napoleão, sua campanha espanhola foi uma guerra muito mais século dezenove do que qualquer coisa que Napoleão fez. E então os franceses como inventaram a guerra do século dezenove e depois a perderam, ela foi finalizada pelos americanos em sua guerra civil, eles a desenvolveram e a estabeleceram como uma coisa definitiva e completa e a guerra de 1914-1918 foi como se poderia dizer apenas o desfecho da série. Foi exatamente no final dessa guerra que Trótski definiu a guerra do século vinte, que nem é guerra nem é paz, foi ele quem disse isso, ele a inventou como os republicanos franceses inventaram a guerra do século dezenove mas ao inventá-la perderam-na. Os nazistas e os soviéticos como Napoleão perderam a coisa que foi descoberta e agora a Inglaterra e a França como com os americanos na guerra civil em 1939 recriaram e realizaram como a guerra do século vinte.

É muito interessante. Eles descobriram o segredo da não-guerra e da não-paz mas com ele terão descoberto o caminho para a vitória e a paz. E uma nova Europa. Pelo menos é o que sinto a respeito.

É muito interessante em relação à Inglaterra e à França, elas estão completamente conscientes uma da outra há tanto tempo, algumas vezes de uma maneira outras vezes de outra mas sempre completamente conscientes uma da outra.

Agora é tempo de guerra e as famílias que habitualmente passam seu inverno nas cidades estão todas passando-os no campo. Nós também.

Naturalmente todos eles estudam em casa, em especial as meninas, porque nessa época a família francesa prefere que as meninas fiquem debaixo do seu próprio teto e então todo mundo estuda o melhor que pode. Elas todas naturalmente querem aprender o inglês agora mesmo e muito naturalmente conversamos sobre isso. Algumas dessas meninas já fizeram seu primeiro baccalaureate*, e algumas preparam-se agora para o seu segundo, e neste segundo precisam traduzir para o francês alguma coisa inteira do inglês. Podem escolher entre Hamlet, Paradise Lost, alguns ensaístas e Emerson, e todas sem a menor hesitação escolhem Hamlet. Gostam mais dele e acham que é mais fácil de fazer.

Estive examinando Hamlet com uma delas e fiquei muito espantada particularmente na cena do fantasma, com o fato de que todas as palavras não mais usadas são palavras francesas palavras inteiramente francesas, e pude

*Prova de conclusão do ensino médio francês, que dá direito à entrada na faculdade. (*N. da E.*)

perceber porque todas acharam Hamlet mais fácil de traduzir porque ali estavam todas aquelas palavras inteiramente francesas à disposição delas e que a língua inglesa hoje não usa mais.

Com freqüência tenho refletido muito sobre as palavras que compõem o idioma inglês, e por mais que pense a respeito, uma guerra o torna ainda mais definido, como nesse Hamlet.

Claro que ele era puro francês e puro saxão e depois francês menos puro e mais latim do que francês até que no século dezenove paramos inteiramente de sentir o francês no inglês.

Todo esse tempo claro que o francês e o inglês estiveram sempre agudamente conscientes um do outro até o século dezenove, depois das guerras napoleônicas eles por um tempo bastante longo não tiveram consciência um do outro, cada um conduziu o século dezenove à sua própria maneira até o final do século dezenove, quando a França não achou o século particularmente interessante e a Inglaterra começava a recusar o século vinte, que estava a caminho, a França e a Inglaterra mais uma vez tornaram-se nitidamente conscientes uma da outra o que culminou em 1914-1918.

Até aquele momento a França ainda estava interessada ou no século dezenove ou no vinte e a Inglaterra ainda se agarrava ao dezenove e recusava o vinte.

Seria cabível dizer que os Estados Unidos que representavam o século vinte e a Rússia que esperava pelo século vinte não interessavam muito nem à França nem à Inglaterra e o século vinte tal como era concebido por esses dois países não lhes agradava, não agradava nem à civilização nem à lógica nem à moda dos franceses e não agradava à civilização ao idealismo ou à racionalidade dos ingleses e assim nem a França nem a Inglaterra estavam realmente interessadas no século vinte. A guerra de 1914-1918 mudou tudo isso. Esses dois países perceberam que o século vinte não deveria sair das suas mãos, que tinham de fazer dele no caso dos franceses uma coisa lógica civilizada e elegante e os ingleses tinham de lidar com ele à sua maneira, afinal toda a civilização estava nas mãos deles e sem eles o mundo não seria civilizado e então eles tinham de entrar no século vinte e torná-lo civilizado e aqui estamos nós agora.

Vejamos a longa sucessão de escritores ingleses a cada 29 anos um homem de gênio sofreu durante esse período em que a Inglaterra recusou o século vinte e isto é altamente interessante porque não se deve nunca esquecer que o produto artístico característico de um país é sua pulsação e na Inglaterra ele é prosa e poesia.

Nunca acaba o meu prazer de usar o francês como ele é usado por qualquer francês. Nesta vila temos todos os matizes de opinião e aqui existe a família Rosset muito católica muito conservadora, não monarquista porque eles são republicanos mas grandes seguidores da tradição.

Lembro certo dia era o 14 de julho e exatamente o ano do Front Commun, e encontrei por acaso Monsieur Rosset e disse o senhor vai para a cidade, e ele disse por que deveria eu ir para a cidade. Bem disse eu timidamente é o 14 de julho.

O 14 de julho ele disse, a queda da Bastilha, quelle masquerade*. Não sou capaz absolutamente de transmitir a maneira como a palavra masquerade saiu dos seus lábios. Percebi como é de fato fraca a palavra inglesa escrita exatamente da mesma maneira.

E agora Georges está aux armées** e o pai que adora Georges é muito severo quanto ao fato de que inevitavelmente é preciso matar um milhão de homens para ganhar uma guerra.

Georges me escreve, estou sendo informado exatamente neste momento de que partimos amanhã para o front ou seja para um destino desconhecido. Vamos manter nossa coragem e a esperança de muito em breve estarmos novamente em Bilignin com nossos amigos.

Esses são os típicos agricultores franceses.

E na vila de Bilignin tivemos vários alarmas. E há duas escolas de pensamento.

Madame Votarey diz que estamos entre montanhas, na verdade são montes muito altos, estamos no sopé dos

---

*Que enganação. (*N. da E.*)

**Nas Forças Armadas. (*N. da E.*)

Alpes franceses e ela diz que é fácil a pessoa se perder entre montanhas especialmente quando está no ar, então como poderiam eles encontrar Bilignin. Além disso de qualquer forma ela decidiu não ser despejada, e Madame Chanel diz que como os aviões devem necessariamente ir para aqui e para ali assim podem com facilidade chegar aqui a qualquer momento. Seja como for acrescenta ela pensativamente os homens gostam de guerrear. Eles são pouco razoáveis se chove demais querem guerrear qualquer coisa faz os homens guerrearem. Seja como for ela acrescenta somos livres na França.

Madame Pierlot está muito interessada no jeito como os homens voltam de licença tão grandes e gordos. Ela diz que com seus 88 anos é a primeira guerra que viu da qual os homens de licença voltam tão imensamente grandes e tão imensamente saudáveis e tão imensamente gordos. As mulheres seja por contraste ou porque têm de trabalhar tão duramente parecem muito magras ao lado deles.

As guerras do século vinte podem facilmente tornar os homens saudáveis e gordos porque sem dúvida o século vinte fez uma grande diferença no campo francês, a nossa é uma aldeia na montanha mas não há pobres, todos vivem com conforto e todos têm alguns luxos, todos têm bicicletas e todos têm boas roupas para o domingo, todos têm geléia para colocar em seu pão, todos têm muitas galinhas e patos que não vendem mas comem eles próprios e todos têm dinheiro no banco, que eles chamam de argent liquide*. Aqui no campo eles dizem que o leite paga por suas despesas gerais, seus novilhos pagam os impostos e coisas extras como nascimentos casamentos e mortes e o trigo que eles comem, e que o vinho faz o dinheiro que põem no banco e as batatas que eles comem. Desta maneira eles dizem todos podem estar confortáveis e a pessoa tem muito vinho e carne e manteiga e pão para comer. Em todo este campo há apenas uma família que não está inteiramente confortável e eles não são pobres mas são negligenciados, há quatro crianças pequenas na família todas do mesmo tamanho mas de idades diferentes o que acontece quando as crianças são negligenciadas. A guerra trouxe para elas novas roupas, o chanoine** de Belley quis fazer alguma coisa e lhes deu um traje completo, para ir à escola, elas sempre vão para a escola claro mas desta vez foram inteiramente novas, até mesmo como me contaram, suas roupas de baixo, elas parecem achar que novas roupas vêm naturalmente quando há uma guerra.

Mesmo em Belley que é comparativamente uma cidade, tem uma população de cerca de cinco mil pessoas e é um lugar importante, mesmo ali não há pobres. Eles têm um bazar de charité*** de dois em dois anos e o dinheiro que recolhem vai para coisas gerais, em vez de ajuda específica,

---

*Dinheiro líquido. (*N. da E.*)
**Cônego. (*N. da. E.*)
***Caridade. (*N. da E.*)

há um abrigo muito grande para os idosos da região mas não há muitos idosos nele. Conversei sobre isso outro dia com o Duque de Clermont-Tonnerre, ele estava hospedado com Madame Pierlot do outro lado do vale, e disse sim é verdade. Disse que na parte do campo onde ele mora, que é um tipo muito diferente de campo, também era verdade. Podia lembrar bem de quando era menino que não era assim naquele tempo havia muitos muito pobres no campo. Perguntei-lhe se achava que a guerra de 1914 tinha alguma coisa a ver com a mudança, um pouco ele disse, certamente acelerou-a, mas na verdade ela começara antes de 1914. Então foi o século vinte inteiramente sozinho que fez isso.

Tivemos aqui na vila uma menina e seu nome é Hélène Bouton, Helen Button, e fiquei mais ou menos imaginando qual seria exatamente o sentimento de uma criança a respeito do que é tempo de guerra. É muito interessante.

Essa é a maneira como tenho sentido isso, porque afinal esta guerra não é guerra, é tempo de guerra.

Helen Button era seu nome e ela vivia em tempo de guerra. Vivia em alguma parte mas o que era mais importante é que vivia em tempo de guerra.

Há uma grande quantidade de tempos de guerra na história e Helen Button vivia nele.

Nesse tempo de guerra o sol brilhava ele faz isso mesmo mas Helen Button sempre sabia que choveria antes do anoitecer e isto acontecia de fato, ela sabia por sinais, ela não sabia quais eram os sinais mas sabia por sinais que choveria.

Em tempo de guerra crianças cães e galinhas ficam assustados ou são mais teimosos do que o habitual, ou uma coisa ou outra. E há um número maior deles mais galinhas cães e crianças do que antes. Helen Button sabia disso. E um cão tinha mais probabilidade de matar uma galinha em tempo de guerra do que em tempo de paz. O cão de Helen Button não matou uma galinha, mas encontrou uma morta e a trouxe para ela e colocou-a no chão diante dela. Helen ficou preocupada com a possibilidade de acharem que ele matara uma galinha, então ela e a cozinheira secretamente cozinharam e comeram a galinha para ninguém suspeitar do cão. Isto só poderia acontecer com Helen em tempo de guerra.

Claro que de fato as crianças entram e saem como querem muito mais em tempo de guerra do que em tempo de paz porque não adianta muito apenas ficar em casa enquanto é tempo de guerra.

Helen Button saiu com seu cão William. Enquanto caminhavam William parou de repente e ficou muito nervoso. Viu alguma coisa na estrada e Helen também. Eles nenhum dos dois percebeu de início o que era e no fim ao se aproximarem com muito cuidado viram que era uma garrafa, uma garrafa em pé bem no meio da estrada. Houvera alguma coisa na garrafa mas o quê, parecia verde escuro ou talvez fosse azul ou preto, e a garrafa estava em pé no meio da estrada não deitada de lado da maneira como em geral fica uma garrafa na estrada.

William o cão e Helen a menina seguiram adiante. Não olharam para trás para a garrafa. Mas claro que ela ainda estava lá porque não haviam tocado nela.

Isto é tempo de guerra.

Quando Helen saiu havia muitos meninos andando de bicicleta de um lado para o outro. As bicicletas eram tão altas que eles não podiam de forma alguma chegar aos assentos mas estavam por toda parte do campo retorcendo-se de um lado para o outro a fim de dar seu passeio e quando viam água de qualquer tipo e algumas das estradas estavam debaixo d'água seguiam para a frente e para trás pelo meio da água para fazê-la respingar. Isso porque seus irmãos mais velhos e seus pais tinham partido e isso permitia a uma quantidade muito maior de meninos brincar.

Então Helen soube de fato que era tempo de guerra.

Helen e seu cão William saíam para passear todos os dias e quase todas as noites e sempre viam alguém. Conheciam um menino chamado Emil que era um menino grande com olhos muito grandes e uma cadela chamada Ellen. Ellen a cadela nascera no país contra o qual estavam lutando. Emil olhava para sua cadela e imaginava se podia amá-lo. A cadela amava Emil mas poderia Emil amá-la.

Quando Helen e seu cão William se aproximaram a cadela de Emil Ellen farejava na areia à beira da estrada e finalmente foi farejar pela margem acima. O cão de Helen William foi farejar também. Talvez houvesse caça ali, muito provavelmente porque em tempo de guerra os homens não saíam atirando ninguém caçava nada apenas cães e gatos caçavam em tempo de guerra, Emil o menino de olhos grandes suspirou por causa disso. Ele disse que os cães caçam em tempo de guerra mas não conseguem muita coisa, qualquer pessoa podia ver dois ou três cães indo juntos caçar e esperando para ver se alguém os via porque em tempo de paz claro que eles não podiam caçar. Então Emil disse que os gatos em tempo de paz ou em tempo de guerra, eles sentam-se e ficam à espreita e atacam.

Escurecia e começava a chover e Helen seguiu por um caminho e Emil por outro caminho e cada um dos seus cães acompanhou o respectivo dono.

Helen tinha uma avó e quando ela era da idade de Helen houvera um tempo de guerra. Ela contou a Helen que um dia ela tinha uma fatia de pão e havia muito pouco pão para se comer, mas ela tinha de fato uma boa e grande fatia e estava exatamente começando a comê-la. Um soldado aproximou-se um soldado inimigo num cavalo, ele parou e saiu do seu cavalo e não brutalmente mas ele fez isso, ele tomou a fatia de pão da sua mão, ela dera apenas uma mordida e ele a deu ao seu cavalo que a comeu e ele foi embora em seu cavalo e ele não disse nada.

Agora era tempo de guerra mas Helen tinha pão sempre que queria e manteiga nele e ela tinha geléia e mel e no entanto era tempo de guerra.

A escola não começou tão cedo quanto de costume, ela sempre começava quando os dias estavam mais curtos e agora os dias estavam mais curtos e tudo estava cada vez mais e mais escuro e não havia luz alguma e Helen e seu cão começaram a caminhar na escuridão e ela pôde ver a estrada na escuridão e percebeu que era tempo de guerra. Ela realmente pensou sobre o fato de ser tempo de guerra mas sabia que era.

Helen Button pensou que em tempo de guerra não havia nenhuma diferença entre dia e noite. E estava certa. As noites eram negras e os dias escuros e não havia nenhuma manhã. Não em tempo de guerra.

Então disse Helen Button a si mesma, ela não conversava com a cozinheira nem com sua mãe, ela não conversava com Emil o menino que tinha olhos que eram tão grandes, ela conversava consigo mesma. A pessoa faz isso em tempo de guerra.

A pessoa fala consigo mesma sobre castanhas e nozes e avelãs e frutos da faia, a pessoa fala consigo mesma sobre quantos encontra e se têm larvas. A pessoa conversa consigo mesma sobre maçãs e peras e uvas e de qual tipo mais gosta. A pessoa simplesmente fala sem parar consigo mesma em tempo de guerra. A pessoa fala consigo mesma sobre lagartas mas nunca fala consigo mesma sobre aranhas ou lagartos, a pessoa fala consigo mesma sobre cães e gatos e coelhos mas não sobre morcegos ou camundongos ou mariposas.

Há estrelas cadentes em tempo de guerra e Helen Button as viu. Será que as estrelas despencariam e assustariam todo mundo. Ela viu que algumas estrelas eram azuis e outras vermelhas, disse a si mesma uma estrela é muito vermelha e quando essa estrela vermelha se tornar azul não haverá nunca mais tempo de guerra.

Helen sabia que a cadela de Emil nascera no país inimigo. Fora dada a Emil por alguém que viera de lá muito antes de ser tempo de guerra.

Um dia, não foi de noite foi de manhã, Emil não estava lá mas sua cadela Ellen estava lá e Helen a viu. Não era verdade claro, não era verdade mas Helen disse a si mesma, eu estava espiando e a cadela Ellen mudou, sua pele transformou-se em grandes calças folgadas e sua cabeça transformou-se numa grande cabeça desgrenhada e ela era um homem, um homem inimigo, sim e foi disse Helen a si mesma e eu o vi e ele seguiu pela estrada e eu sabia que era um homem, que era um inimigo e ele era e eu o vi.

Ela encontrou Emil pouco depois e sua cadela estava com ele mas não era mais de manhã e Helen não olhou para a cadela Ellen, olhou para seu próprio cão William como se o conhecesse e conhecia e sabia que seu cão viria quando o chamasse.

Não foi muito depois disso que todos os cães tiveram de usar uma focinheira. Falavam sobre isso na estrada. Os homens já tinham colocado focinheiras nos cães no campo antes quando os cães podiam ficar hidrófobos e agora era tempo de guerra e os cães tinham de usá-las.

Helen Button ouvia todo mundo e todo mundo dizia algo diferente sobre o motivo para aquilo mas Helen não disse nada mas ela sabia que sabia o motivo para aquilo.

Emil era simplesmente fascinante mas Helen também era.

Ela sabia exatamente o que ia acontecer pelo menos sua tia Pauline sabia, sua tia era o que eles chamavam de vidente, o que significava que ela sabia o que ia acontecer, sempre soubera mas agora em tempo de guerra isto era muito mais importante. Em tempo de paz nada de muito importante acontecia então não adiantava saber o que ia acontecer mas em tempo de guerra qualquer coisa podia acontecer, então era muito necessário sabê-lo.

Aquilo de que Helen Button mais gostava era o que se referia ao curé d'Ars*, ela gostava de tudo com relação a ele, ela gostava do fato de ele não ter aprendido muito bem suas lições quando era estudante, ela gostava de ele ser bondoso com todo mundo, ela gostava de ele ser um santo e ela

*Pároco de Ars. (*N. da E.*)

gostava de sua avó poder lembrá-lo. Porém, ela gostava mais era de ele ter dito que chegaria o dia em que as mulheres lavrariam a terra e plantariam o trigo mas os homens fariam a colheita. E as mulheres ela as viu estavam semeando o trigo e os homens porque o curé d'Ars sempre soubera de tudo eles voltariam para fazer a colheita, era tempo de guerra mas eles voltariam. E então ela ficou um pouco estranha quando ouviu dizer que as freiras nas cidades não usavam mais suas coiffes*, elas não podiam usar em cima máscaras contra gases, então não podiam usá-las e o curé d'Ars tinha previsto isso também. Dissera que chegaria o tempo em que as irmãs nos hospitais não usariam suas coiffes e claro mesmo assim ninguém realmente acreditou nele, mas agora o tempo chegara, elas não as usavam mas isto estava consolando a todos, ele dissera que isso só demoraria algum tempo um tempo muito curto longo apenas o suficiente para se virar uma omelete. E isso era confortador.

Helen Button adorava ouvir sua tia Pauline, chamavam-na A Paulina e muitas pessoas acreditavam mesmo nela, mas na verdade Helen nunca pensou se era de fato como ela dizia ou não. Apenas gostava de dizer aquilo a Emil quando o via e sabia que dizer aquilo a tornava fascinante.

Assim Helen sabia quando a guerra terminaria e quando não haveria mais tempo de guerra e Helen sabia que na verdade isto a tornava fascinante.

---

*Toucas. (*N. da E.*)

Sua tia Pauline sabia mesmo de tudo. Sabia quando um inimigo seria morto, sabia com que freqüência um relógio bateria, sabia quem não ia comer ovos, sabia quem ia comprar um chapéu, sabia de tudo.

Helen Button saiu com seu cão e a lua estava brilhando.

Helen não deveria ter saído quando a lua estava brilhando, sabia que não deveria. Só deveria sair quando estivesse escuro porque se a lua brilhava era noite não apenas escuro. Mas lá estava ela, e os automóveis aproximavam-se depressa sob o brilhante luar, na escuridão eles se aproximavam vagarosamente porque suas luzes eram verdes e azuis e não brancas.

O automóvel se aproximou, passou por cima de William e Helen gritou e William caiu e depois se levantou e depois se afastou, ah como ele se afastou. Helen continuou a chamar e William voltou rastejando.

Ah meu Deus onde estava Emil com os olhos tão grandes que podia ver tudo.

Helen e William voltaram de fato para casa e aquilo afinal era alguma coisa.

Então o tempo de guerra simplesmente continuou sendo tempo de guerra e depois disso William o cão ficou com o pescoço duro mas não demorou muito tempo ele logo estava muito bem mas ficava sempre assustado quando via uma luz e particularmente assustado quando de repente via a luz através do nevoeiro e ela parece mesmo verde.

Emil não era órfão. Tinha um cavalo. Não havia muitos, a maioria fora tomada para ser usada na guerra. O cavalo de Emil era pesado do tipo que puxava coisas, foi esse talvez o motivo para não o levarem, ele andava devagar demais mesmo para tempo de guerra.

Então deixaram-no para puxar coisas e um dia Helen o encontrou, estava puxando uma carroça e na carroça havia um animal, ninguém jamais vira um animal como aquele, era enorme e estava morto.

O cavalo que puxava a carroça não se importava tampouco Emil mas a cadela de Emil Ellen importava-se muito, muito mesmo.

O enorme animal não tinha cauda e não tinha nenhuma orelha. Era um animal enorme e era tempo de guerra.

Helen não o viu de fato mas falou consigo mesma sobre ele. Disse, meu Deus.

Ninguém soube para onde a carroça e o cavalo foram, ninguém jamais sabe em tempo de guerra.

Quando Helen Button foi dormir não sonhou. E então de repente começou a sonhar. Sonhou que era tempo de guerra.

Quando acordou não se levantou, era tempo de guerra e ninguém lhe disse que se levantasse mas aos poucos ela acabou levantando-se e saiu. Depois de um instante ficou perfeitamente imóvel e escutou.

Achou que tinha ouvido mas será.

Escutou e escutou. Era tempo de guerra e então escutou e escutou.

Ouviu o clima, ouviu água ouviu neve, ouviu água por toda parte, era esse tipo de clima. Ouviu a neve em torno e quase ouviu a lua e ouviu a chuva e ouviu as montanhas.

Deveria haver escola e Helen deveria ir para a escola mas não foi. Ninguém disse que deveria e na verdade tão poucos foram que qualquer dia talvez não deveria haver escola e então era um dia qualquer e era tempo de guerra. Então todo dia ela saía e a neve vinha e a neve derretia e a água estava por toda parte e os cães iam atrás de caça não o cão de Helen mas outros cães e esses cães esperavam até todos desaparecerem de vista e então caçavam. Os homens não podiam caçar mas os cães podiam. Isto é tempo de guerra.

Um dia Helen e seu cão e Emil e seu cão encontraram-se enquanto iam subindo um morro.

Subiram e viram um homem ali. Não era um velho, era um rapaz e era tempo de guerra e ver um rapaz com roupas comuns era surpreendente e alarmante. Aquele homem lá em cima naquele morro havia neve e água ali, segurava um pequeno telescópio e olhava à distância através dele.

É ele disse Helen. Sim ele é disse Emil.

E ele era e eles disseram, Helen e Emil, será que nós e Emil disse sim. Agora disse Helen. Sim disse Emil. E como disse Helen. Eu o conheço disse Emil.

Emil aproximou-se do homem. Disse-lhe. Você é um inimigo. Não sou, disse o homem. Se não é qual o seu nome disse Emil. Meu nome é Henry respondeu o homem.

Ficaram ali em pé e a neve nos campos e a água respingando e o homem com tamancos de madeira, olhando para alguma coisa através dos seus óculos de alcance.

O que deveriam fazer.

Era realmente tempo de guerra.

Todos foram embora sempre olhando para trás.

Logo não havia mais ninguém em parte alguma.

Isto é tempo de guerra.

Helen não sabia por que mas essa foi a primeira coisa em tempo de guerra que a fez chorar.

Não foi muito tempo depois disso que Emil foi embora e sua cadela também. Se foi para a guerra ou não, Helen nunca soube.

Há tanta gente que vai embora em tempo de guerra e há sempre tantos em toda parte em tempo de guerra aqui acolá e em toda parte.

Então agora era ainda tempo de guerra e Helen começou a ir para a escola também.

Então para ela o tempo de guerra acabou.

Então este é o século vinte. Estive pensando um bocado sobre séculos. Acho que os séculos são como os homens, começam como crianças começam simples e esperançosos depois atravessam aquele período que o Doutor Osler chamou de idade insensata, meninos entre onze e dezessete anos, e depois atravessam seu período de se tornarem civilizados e então o século mais ou menos se acomoda torna-se como dizem os franceses rangé* isto é civilizado e o trabalho termina.

Tenho uma espécie de sensação de que todo século é assim, certamente o século dezenove foi e o vinte, os outros séculos provavelmente também foram. O que é verdadeiro num século é bastante certo que seja verdadeiro em todos eles.

Então aqui estamos no século vinte no momento em que o século começa a ficar pronto para se civilizar.

Na parte inicial do século, o século como todos os adolescentes e algumas vezes isso demora consideravelmente mais, anseia para se afastar da família, a família real e a idéia de família.

Todo adolescente tem esse sonho todo século tem esse sonho todo revolucionário tem esse sonho, destruir a família.

Na França, ora o sonho até entre os intelectuais adolescentes, os revolucionários violentos, os comunistas adolescentes, realmente não é muito real. Afinal todo francês sabe que está destinado a ser um père de famille

*Arrumado, posto em ordem. (*N. da E.*)

um pai de família mesmo quando não tem esposa nem filho ser um père de famille é seu destino manifesto. Todo francês inevitavelmente fala de si mesmo e dos seus camaradas, nous pères de famille, é realmente a única maneira como um francês pode perceber a vida e assim embora adolescência e intelectualismo exijam que ele acredite num mundo não baseado numa unidade de família, em seu coração todo francês sabe que tudo se resume nisto, uma família e ele próprio um pai de uma família.

É interessante que no campo em quase toda aldeia exista um homem que não se casou, ou sua mãe viveu tempo demais e ele nunca se casou, ou simplesmente não se casou porque estava fora em alguma parte e não voltou, de qualquer forma por um motivo ou por outro não é incomum numa aldeia existir um homem que nunca se casou. Em geral mesmo que a mãe tenha vivido tanto e tenha dominado tanto seu filho que ele ficou bastante velho sem se casar, mesmo assim quando sua mãe morre alguma viúva se casa com ele mas de vez em quando e com muita freqüência alguém em quase todas as aldeias não é casado.

Ninguém consegue levá-lo realmente a sério, muitas vezes é familiarmente chamado de frangote e na maior parte do tempo ele realmente se mostra um pouco engraçado, fica tristemente de um lado para o outro e olha para as mulheres que nunca se tornaram sua esposa, e de vez em quando fica muito estranho, como recentemente numa aldeia não muito longe daqui, um dia ele tinha quase 55 anos e nunca se casara, disparava numa mulher simplesmente qualquer mulher quando a via a distância. Nenhum homem que algum dia tivesse casado poderia fazer isso, evidentemente não.

Há claro algumas mulheres não com freqüência maior que uma numa aldeia que não se tenha casado, mas não é provável na França que ela fique esquisita, claro que há sempre animais, e os animais podem tornar-se uma família, para uma francesa, mas não para um francês.

Em nossa aldeia há uma mulher assim e ela ama seu cão e da última vez era um cão cego, ela e seu velho pai e o cão nascido cego compunham e compõem uma família e mesmo quando seu pai morrer ela ainda terá uma família, porque algum animal será tratado por ela como membro de uma família.

Madame Chaboux me contou uma história a respeito disso.

É perfeitamente natural na França dizer que um cãozinho está sentado no colo da sua mãe. De fato o povo francês está inteiramente convencido de que o francês é o único idioma que tem uma verdadeira língua de bebê para cães, lembro-me certa vez de uma longa discussão que termina triunfalmente com, como se poderia dizer em inglês, venha chien chien* venha para sua mamère**.

---

*Cão cão, literalmente. Ou cãozinho. (*N. da E.*)

**Mãezinha. (*N. da E.*)

Não se diz a um cão venha para seu pai, um francês mas de fato se diz venha para sua mãe, uma francesa.

Então Madame Chaboux estava em seu campo no Jura e foi a um concerto realizado para os soldados e os camponeses estavam todos lá e junto dela estava sentada uma camponesa e em seu colo havia um cãozinho. Madame Chaboux ao me contar a história disse de forma inteiramente natural, junto de mim um cãozinho estava sentado no colo da sua mãe, o cãozinho era muito discreto, quando havia aplauso ele acordava e latia um pouquinho mas de outra feita ficava bem quieto. Foi anunciado que o mais famoso flautista da França estava por acaso no campo e se oferecera para tocar para os soldados. Ele entrou no palco e começou a ajeitar sua flauta. A mãe do cãozinho um pouco sem jeito virou-se para Madame Chaboux e disse, pourvu que mon petit chien aime la flute, pourvu. Espera-se que meu cãozinho goste da flauta, espera-se.

Esse é o jeito francês, nenhuma convicção, uma esperança e isso é tudo.

Os franceses realmente adoram dizer alguma coisa e dizê-la completamente.

É este o motivo pelo qual uma coisa, quando inteiramente nomeada ela não mais os preocupa. Agora a expressão une guerre des nerfs* tornou-se uma parte do

*Uma guerra de nervos. (*N. da E.*)

discurso deles, não tem mais nenhum efeito sobre seus nervos. Assim são sua lógica moda e civilização.

Então naturalmente embora os franceses tenham mesmo como todo país parece precisar ter aquele intelectualismo adolescente da negação da família em seus corações não é assim. Este é um dos motivos pelos quais o povo francês não é esnobe.

Não importa qual seja a origem de qualquer homem, não importa o que ele tenha alcançado, nunca entra em sua cabeça não voltar para a família, o simples camponês pode ter filhos em qualquer escalão da vida e não há nenhuma complicação, o homem bem vestido vem para sua casa onde seu pessoal está toscamente vestido e no mesmo lugar onde estavam e ninguém sente que há qualquer discrepância, nunca em ocasião alguma.

É também obviamente verdadeiro, com relação ao exército, qualquer pessoa pode ser um simples soldat assim como qualquer pessoa pode ser um oficial. É uma questão de métier, de profissão e não uma questão de classe.

Aqui na cidade, o tabelião, o advogado, o banqueiro são todos simples soldados, o filho do açougueiro é um oficial, é tudo uma questão de profissão não é uma questão de classe.

Pierre Leyris um jovem escritor e vizinho nosso aqui no campo falava sobre isso outro dia. Ele não é muito forte e então é um auxiliaire e não está na ativa do exército mas durante a convocação eles foram convocados como uma companhia de auxiliaires para serem usados na ajuda à maquinaria da mobilização. Ele gostou da sua curta carreira militar, gostou dos seus camaradas todos se divertiram juntos, e então terminou a mobilização, foram desmobilizados. Ele disse aquele foi um dia terrível. Quando vestiram suas roupas civis tudo foi diferente, olharam uns para os outros de forma diferente sabiam o que era cada um e antes quando estavam todos juntos, ninguém sabia nem ligava para isso.

Lembro-me de uma irmã francesa num convento também falando disso. Ela disse que o traje e a coiffe, a coiffe que o curé d'Ars disse que elas tirariam durante o tempo suficiente para virar uma omelete e que muitas delas tiveram de tirar para colocar as máscaras contra gás, bem disse ela nunca sabemos de onde vem qualquer das irmãs e qual a sua história a não ser que estejamos no parloir* recebendo nossos parentes e ela esteja no parloir recebendo os dela. Desta forma elas poderiam saber mas acho que não se supõe que reparem nisso.

Vimos ontem o Père Abbé da abbaye royale d'Hautecombe,** dezesseis dos seus 26 monges foram convocados, e a maioria deles como simples soldados. Um deles, um dos mais velhos, é um aumonier,*** um padre para uma divisão de aviação. Está imensamente satisfeito

*Parlatório. (*N. da E.*)

**Padre Abade da abadia real de Hautecombe. (*N. da E.*)

***Capelão. (*N. da E.*)

consigo mesmo, não está sozinho tem um automóvel e um chauffeur à sua disposição e também tem um avião e um aviador. Havia um brilho encantador nos olhos do Père Abbé quando nos contou isso.

A própria Madame Giroud viúva de um general nos falou da sua família, a cada dez anos eles reúnem toda a família ainda existente e na última os dois membros mais notáveis eram um dos grandes juízes da França e o motorista de um carro funerário rural. Mas todos eram família e tiveram um bom jantar um jantar absolutamente excelente todos juntos.

Madame Giroud nos falou da sua tia-avó, ela foi uma das grandes beldades deste país e uma pessoa muito importante. Um dia não faz muito tempo Madame Giroud estava no campo de onde todos eles vieram e encontrou uma velha e conversaram. Ah disse a velha Madame a senhora com certeza se lembra da sua tia-avó. Ah sim disse Madame Giroud pois é disse a velha, sei uma coisa sobre ela que ninguém sabe. Quando ela era jovem muito jovem e linda passou por aqui um soldado. E sua tia-avó deu à luz um par de gêmeos natimortos muito pequenos e ela os enterrou debaixo de uma pereira os dois.

Madame Giroud admitiu que desde então as pereiras passaram a lhe causar uma sensação esquisita.

Este ano como todos os anos eles colhem as uvas e fazem o vinho, sempre pensam que não haverá nenhuma já que neste campo tudo está contra o vinho, as geadas tardias, granizo, bolor e luz solar tardia insuficiente, mas da mesma forma sempre têm uma colheita. Este ano como sempre tiveram uma, bastante grande e os franceses são econômicos e generosos como a sua terra, tudo tem de entrar nela e uma porção de coisas sai dela, e eles sempre têm de comemorar isso, faire part*, como está escrito em seus anúncios de funerais casamentos e nascimentos, e neste país eles sempre comemoram com uma coisa chamada ramequin, é parecido com welsh rarebit, mas em vez de queijo e cerveja é feito com vinho branco, ovos e queijo, e todos ficam a mexer nele com seus imensos pedaços de pão.

Outro dia aqui na vizinhança houve uma divergência com relação a alguma coisa e então um dos vizinhos não foi convidado. Todos os outros se reuniram para fazer o suflê de queijo, é o único ato de cozinhar que qualquer francês que seja pai de uma família e não cozinheiro profissional faz em sua vida. Os homens estavam fazendo o ramequin no fogão, era uma noite escura, o vizinho subiu no telhado e sentou-se na chaminé e então a fumaça voltou pela chaminé abaixo e esfumaçou o suflê de queijo, os camaradas acharam que era o vento e começaram novamente, o homem no telhado levantou, até que os ouviu dizer agora vai e então sentou-se novamente em cima da chaminé e estragou o ramequin, demorou algum tempo para os infelizes cozinheiros descobrirem o motivo.

---

*Participar aos outros, informar. (*N. da E.*)

Então a coisa mais surpreendente com relação à França é a família, e a terre, o solo da França. Revoluções chegam e revoluções se vão, modas chegam e modas se vão, lógica e civilização permanecem e com elas a família e o solo da França.

Eles são tão razoáveis a respeito dessa terra, claro que ela não tem nenhum valor sem os homens, e claro que os homens não podem existir sem família.

A família, qualquer família tem naturalmente a qualidade da concentração do isolamento. É isto que faz uma família, é isto que faz a guerra, tanta guerra, é esta concentração do isolamento. E o francês que não deseja guerra segue vivendo calmamente durante ela, porque afinal tudo é a concentração do isolamento que é uma família em paz e também em guerra.

Como uma terra cultivada não tem nada de brutal ou de realmente cruel também o francês não é brutal nem cruel. Eles inventaram a palavra sadismo mas o sadismo deles tem a ver com as paixões e as paixões nada têm a ver com a terra ou com a família, isto é como as revoluções e outras coisas uma coisa separada.

Uma das coisas muito evidentes na França é que as crianças não são nunca castigadas nem mesmo muito disciplinadas. Antes de mais nada elas são francesas ou seja lógicas civilizadas e têm um senso de moda e uma completa percepção dos fatos da vida. Qualquer criança francesa pode entender qualquer coisa inteiramente.

A única rara ocasião em que vi alguma vez um menino chorando foi um dia lá pelos cais em Paris.

Os cais de Paris nunca mudaram e isto significa dizer que parecem diferentes mas a vida que prossegue ali é sempre a mesma. Foi só no ano passado que cheguei realmente a conhecê-los, colocava meu carro numa garagem abaixo da Notre Dame e todas as manhãs e todas as noites percorria ida e volta a extensão dos cais. Descobri que descendo até perto da água podia soltar meus cachorros porque não atravessávamos nenhuma rua e então descobri que a vida ali embaixo era muito agradável, não tem nada a ver com a vida de uma cidade, esta é uma das coisas características dos franceses, a cidade e o campo o campo e a cidade não são separados. Todos na cidade têm parentes no campo e todos no campo têm parentes na cidade e todos na cidade esperam voltar para fazer alguma coisa no campo todos os funcionários públicos todos os policiais todos os operários de todos os tipos, na verdade praticamente todos até os comerciantes esperam aposentar-se eventualmente e ir para o campo, é onde inevitavelmente a pessoa vive quando não precisa mais trabalhar para ganhar a vida, quando se tem uma pensão quando se economizou alguma coisa e você cultiva verduras e constrói para si mesmo uma casinha e espera que o dinheiro não mude muito e que possa viver do que tem. De qualquer forma sempre se pode ter verduras e coelhos e galinhas e isto é sempre alguma coisa.

Claro que o dinheiro mudou muito mas há sempre a esperança de que algum dia ele fique com o mesmo valor. De qualquer maneira o povo francês nunca leva dinheiro muito a sério, eles o economizam certamente eles o acumulam muito cuidadosamente mas realmente sabem que ele não tem mesmo uma permanência muito grande. É por esse motivo que todos desejam um lugar no campo. Uma porção de gente que conhecemos tentou comprar uma casa nesta vizinhança e eles ficam sempre surpresos por ninguém querer vender, nem os camponeses nem as pessoas pobres nem as pessoas ricas. Mas como eles dizem se vendermos nossa casa o que receberemos por ela, dinheiro, e para que serve esse dinheiro, dinheiro vai embora e depois que vai embora então onde ficamos, além disso temos tudo o que queremos, que podemos fazer com dinheiro a não ser perdê-lo, dinheiro para gastar não é muito bem recebido, se você o tem e tenta gastá-lo, ora gastar dinheiro é uma ansiedade, economizar dinheiro é um conforto e um prazer, a economia não é um dever é um conforto, a avareza é uma excitação, mas gastar dinheiro não é nada, dinheiro gasto é dinheiro inexistente, dinheiro economizado é dinheiro realizado, mesmo quando como aconteceu outro dia na aldeia o fogo o destruiu.

Houve um incêndio num celeiro isolado no fim do vale e foi durante o dia e o ferreiro que é o chefe do corpo de bombeiros ficou tentando extinguir o fogo mas como o celeiro estava cheio de feno foi inteiramente inútil.

O celeiro pertencia a um homem e o feno pertencia a outro homem e todos pareciam ter uma posição bastante filosófica a respeito de tudo aquilo, o celeiro era velho e fora um bom celeiro para feno e o dono do feno tinha muito mais e então de repente alguém lembrou que havia um telheiro que pertencia a ainda outra pessoa e vagamente alguém lembrou que ele dissera certa vez que deixara coisas ali, então alguém saiu para procurar o dono do telheiro. Ele não estava ocupado mas não queria ir mas finalmente foi induzido a ir e enquanto isso haviam entrado no telheiro, e encontraram lá algumas roupas e lençóis e num vaso quarenta mil francos.

Quando colocaram o dinheiro diante do dono ele disse sim, era sua pensão, ele era viúvo, de sua terra obtinha o bastante para comer, deram-lhe o dinheiro, ele tinha de ir até a cidade buscá-lo mas como não tinha uso nenhum para ele deixou-o ali no telheiro.

O que fez o homem com o dinheiro quando afinal lhe entregaram o dinheiro não sei, mas suponho que o deixou em algum outro lugar.

O povo francês não gosta de gastar dinheiro isto os preocupa, eles encaram luxos de uma forma natural, quando a pessoa os tem eles não são luxos e quando não os tem também não são luxos.

E assim nas margens do Sena lá embaixo perto da água não há absolutamente vida urbana, é uma existência descontraída e cada pessoa cuida da própria vida.

Então um dia vi ali um menino de cerca de treze anos um menino robusto bem constituído e confortavelmente vestido sentado na beira d'água, junto dele estava uma mulher evidentemente não sua mãe mas era uma parente e lá estavam sentados. Grandes lágrimas rolavam pelas faces dele. O que é, perguntei a ela, ah ela respondeu é tristeza, mas isso vai passar. Ele não foi aprovado nos exames, mas isso vai passar. E de forma inteiramente impessoal ela se sentou do lado e era mesmo tristeza mas como ela disse, a tristeza passa.

É uma vida estranha ali embaixo perto do rio. Um dia quando eu estava passando e havia dois homens, um deles achara uma cartola e também algumas flores de laranjeira que pregara na cartola e, ao passarem, um apresentava o outro a todos, é meu irmão, dizia do outro.

Sempre são cultivadas flores nas barcaças e os homens sempre descem com mimosas na mão e desaparecem em alguma parte com as flores, e há camas de papelão embaixo das pontes, papelão aparentemente é bom contra o frio seja como for eles o usam, e as mulheres lavam suas roupas e os homens pescam ali e os artistas pintam ali e todos cuidam de sua própria vida. Conversam e resmungam principalmente consigo mesmos mas ninguém briga com qualquer outra pessoa.

Então as crianças nunca são tratadas duramente na França. Uma criança na França é uma coisa de valor, não é um tesouro mas é como qualquer coisa que pertença à terra ela tem um valor e uma coisa valiosa é sempre bem cuidada, e os franceses usam tudo mas não abusam de nada.

Então o século vinte precisou de fato da França como pano de fundo. A França podia brincar com a idéia da destruição da família como o começo e o fim de tudo mas não podia nunca realmente convencer um francês e então a França era um pano de fundo para o início do século vinte, fizera seu único esforço real para acreditar que a família e as coisas que a família tem em suas mãos e em que se apóia e come e bebe e que pertencem àquela família, eles fizeram sua tentativa de tentar não acreditar nisso no início do século dezenove, na primeira revolução francesa, mas realmente não foi interessante. Guerras sim e excitação sim, mas realmente nada interessante. Não há nenhuma lógica nisso, nenhuma civilização nisso e nenhuma moda.

Então quando o século vinte ia começar a tentar tudo de novo, os franceses ficaram muito contentes de estar nele mas não com isso.

Na França a vida em família nunca é tão vida em família quanto nas férias. A família é sempre a família mas durante as férias é uma família ampliada e isso é exaustivo.

Um francês certa vez me disse que ficava impressionado era sua obsessão o que ele chamou de clima de férias. Eu disse é apenas clima de verão, não ele disse tem uma espécie de peso que não é de verão mas de clima de férias.

Em cada casa de campo aparecem todos os parentes em segundo grau e todos os seus filhos e todos os seus criados, os parentes em segundo grau só se visitam no inverno, eles se visitam muito e todos comem juntos em alguma parte pelo menos uma vez por semana mas nas férias eles moram juntos.

E então veio o século vinte com seus automóveis particularmente depois da guerra, a família francesa vivia menos reunida nas férias porque naturalmente movimentavam-se mais de um lado para o outro. Todos concluíram bastante bem que isto era ainda mais exaustivo do que todos morarem juntos e não tão saudável para as crianças nem para cada um. Entrar e sair de trens era melhor porque os trens estão sempre parando mas os automóveis seguem interminavelmente. Agora nesta nova guerra o campo inteiro está cheio de parentes todos morando juntos mas não é clima de férias, não são sequer férias para que todos estejam mais felizes além disso não podem movimentar-se de um lado para o outro nem mesmo em trens então não é tão exaustivo. É uma residência permanente e isto muda tudo. Os parentes em segundo grau são agora uma permanência e então a não ser pela declaração muitas vezes repetida de que uma prima qualquer na verdade é uma mulher profundamente cansativa e uma família francesa tem sempre a mesma maneira de pensar, todos acham a mesma pessoa a mais cansativa, e há sempre a quantidade certa de problemas entre sogras, e noras, mas tudo isso é muito suavizado pelo fato de o filho e o marido estarem longe na guerra. E muitos arranjos financeiros que eram inevitáveis por causa dos problemas entre as noras e sogras viúvas ficam suspensos. E isto facilita tudo.

Na França, as cartas não são compartilhadas. Cada um tem sua própria carta. Qualquer membro de qualquer classe na França dirá não tive nenhuma notícia mas minha mãe tem, ou não tive nenhuma notícia mas meu filho tem. Ora disse eu certa vez espantada não lêem para você o que está na carta deles, eu ia dizer eles não mostram a você a carta mas percebi instintivamente que isto não funcionaria. Ah sim é a resposta, ele ou ela lê para mim o que ele ou ela escolhe.

Tudo é privado e pessoal na França e ao mesmo tempo uma família está sempre junta. Até no meio da guerra as cartas não são compartilhadas. Como disse uma vez minha velha criada Hélène, não Madame não é um segredo mas não se conta.

Realmente nunca conheci Paris durante uma declaração de guerra. As guerras sempre acontecem em período de férias e em clima de férias, então não estamos em Paris. Paris se encontra sempre lá, pelo menos nós no campo supomos isso embora não estejamos numa ocasião dessas muito conscientes da sua existência, o início da guerra é tão absorvente onde a pessoa está, que mesmo Paris não está lá. Assim é a concentração de isolamento que é a guerra.

Paris está lá e aos poucos mesmo aqui muito longe começamos a saber que ela está lá.

Nunca conheci Paris no início de uma guerra, conheci Paris durante a guerra não desta vez mas da última vez, desta vez só a conheci durante metade de um dia.

Conheci Paris entretanto desde o começo do século vinte até hoje, conheci-a muito bem.

Quando pela primeira vez tornei a conhecer Paris desde a infância em 1900 e então apenas de férias a França significava Paris, a França significava Paris e seus arredores mais próximos. A Paris que era a França como a conheci então era inteiramente republicana.

Eu conhecia uma Sra. Dawson americana, encontrei-a na Inglaterra e ela disse que abandonara Paris desde 1870.

Ela disse que as maneiras dos franceses como republicanos não eram as encantadoras maneiras da Paris do Império. Realmente todos na República eram chamados de Monsieur e Madame. Até o açougueiro muito jovem dizia bon-jour Madame à nossa criada e ela com igual seriedade retribuía com um bon-jour Monsieur embora ele tivesse apenas quinze anos. Não sei se durante o Império isto acontecia também. De qualquer forma embora haja sempre monarquistas e imperialistas na França, algumas vezes os mais inesperados, na verdade eles em seus corações em grande parte são quase todos republicanos e desejam uma república, porque sabem que a família é tão forte na França que o princípio hereditário deve ser mantido fora do governo, simplesmente deve.

Além disso a República até agora tem feito perfeitamente o que todos eles acham que um governo deve fazer, deixá-los em paz, protegê-los, em conjunto, contra o inimigo, e embora isto custe muito, este governo, se fosse outro governo talvez custasse mais, e nenhuma parte dele chega a ficar tão bem estabelecida a ponto de poder ir longe demais em qualquer direção. E então enquanto passam os governos a Terceira República não é tão ruim. Poderia ser pior, poderia ser melhor, mas não é demasiado ruim.

Em Paris por volta de 1900-1914 os homens eram elegantes e tinham quase mais beleza de elegância do que as mulheres. Quando viemos para Paris os homens usando seus chapéus de seda do lado da cabeça e do outro lado apoiando-se pesadamente em suas bengalas estabelecendo um equilíbrio, a cabeça pesada a mão pesada sobre a bengala eram a elegância de Paris. As mulheres eram triviais, mais na moda do que propriamente elegantes em contraste com os homens. À medida que o século avançou a guerra chegou. O horizonte azul e os uniformes negros dos aviadores continuaram a tradição da elegância francesa entre os homens. Durante algum tempo as mulheres na verdade perderam a moda e depois lentamente os homens perderam sua elegância e as mulheres reconquistaram sua moda e então não eram mais triviais eram bonitas e durante algum tempo, o ideal era outro. Depois desta guerra os homens muito provavelmente reconquistarão elegância e as mulheres moda e elegância. É tudo muito excitante.

Flores e frutas eram muito mais raras no início do século do que são agora. Naquele tempo flores e frutas eram raras e sendo raras eram muito elegantes.

Eram cultivadas com muito cuidado para ficarem com bom aspecto e se situarem bem em relação ao que estava perto de onde seriam colocadas, fossem pessoas ou coisas, elas não tinham nada a ver com o ar livre, tinham tudo a ver com interiores, e os arranjos de frutas e flores eram tradicionais elegantes e na moda.

Posso lembrar do horror da nossa criada bretã em Palma quando trazíamos braçadas de flores e as colocávamos na casa inteira. Agora qualquer pessoa francesa pode calmamente levar flores para qualquer parte e em qualquer quantidade com equanimidade mas não naquele tempo. O mesmo era verdadeiro com relação às frutas. As frutas eram de um tamanho maravilhoso, quase sempre com um desenho feito com estêncil acima delas quando estavam no ato de crescer e muito caras. Ninguém tinha jamais permissão para tocá-las. Havia apenas essas frutas muito maravilhosas e maçãs comuns, praticamente nada mais e essas maçãs comuns quase sempre tinham vermes. De lá para cá as frutas nas cidades provincianas menores podem ser encontradas em grande abundância, todo mundo come frutas e a fruta realmente não é mais uma coisa para admirar ou ter como um acessório numa mesa elegante. O mesmo é verdadeiro com as flores. As flores agora são compradas em grandes buquês e qualquer pessoa dentro da moderação pode ter todas as que quiser. Então agora as flores em muitos lares quase são arrumadas à maneira inglesa uma porção de flores em toda parte e o novo interesse em flores é arrumá-las para dar um efeito de violência, de atividade, de estranheza. Aos poucos isto está produzindo sua própria elegância.

Eu conversava com Madame Giroud, ela se lembra de tudo e perguntei a ela qual lhe parecia a diferença mais surpreendente entre a França da sua juventude o século dezenove e a França de hoje. Ela disse sem dúvida a diferença nas roupas das pessoas que vivem não nas cidades mas no campo. Não apenas as moças mas as mulheres das aldeias e cidades rurais todas se vestem bem, todas são muito mais asseadas.

Sei que fiquei muito encantada com as mangas curtas vestidos curtos por acreditar que são um imenso incentivo à limpeza pessoal. Em relação a isso houve uma diferença muito grande entre antes e depois da guerra. Foi verdadeiro no caso das mulheres mais jovens e até verdadeiro no caso das mais velhas.

Por outro lado com exceção da chegada da luz elétrica o interior das casas nas vilas e no campo não mudou muito. Claro que a existência de luz elétrica em si tornou as coisas diferentes porque qualquer um pode ver tudo mais claramente. Então os rapazes mudaram e são atléticos e limpos mas à medida que envelhecem tendem a ser mais como eram. As mulheres mantêm o padrão e isto tem grande influência sobre as crianças. Os homens menos. Agora estou falando do campo e não das cidades. Uma das coisas mais importantes na cidade foi a introdução do aquecimento central. As casas as lojas de Paris e de outras grandes cidades tornaram-se de repente muito quentes. Isto naturalmente teve a ver com a mudança da moda das mulheres as mangas curtas as saias curtas a ausência de roupas internas a finura das meias, e como a França faz a moda para todos o aquecimento central criado nas cidades da França fez o estilo. O estilo combinava com a americanização da Europa tão pronunciada imediatamente após a guerra, higiene, banheiras e esporte.

Mais tarde e até exatamente agora houve persistentes tentativas de recuar ou avançar para estilos que cubram mais, e até agora houve resistência a eles porque as condições que produziram a moda do pós-guerra mais ou menos persistiram. Aos poucos no entanto o desejo de gastar dinheiro diminuiu, era mais difícil ganhar dinheiro e portanto começou uma tendência a economizá-lo. Na velha França do século dezenove sempre se esperava que a pessoa vivesse da renda do ano anterior nunca da renda atual. E agora todos na França estavam vivendo com a renda deste ano ou do próximo ano, estavam vivendo do plano de prestações, em suma eles não estavam sendo eles próprios. E vagarosamente começavam a se ressentir dessa tendência, vinha de todas as classes essa resistência e a moda acompanhou o esforço para restabelecer mais cobertura para o corpo saias mais compridas roupas mais duráveis.

Agora há guerra, as casas de Paris não têm mais aquecimento central. Em muitos prédios de apartamentos as pessoas se aquecem como podem. Muitas pessoas como nós mesmas estão vivendo no campo com o fogo dos boulets da França que eu não via desde 1900 e fogueiras de lenha para ajudar e naturalmente meias de lã e outras coisas acompanham isso e a moda está mudando. A escuridão tem muito a ver com tudo. Madame Giroud sempre me diz você não sabe como eram essas aldeias nos velhos tempos e mesmo agora embora as estradas estejam escuras as casas e os celeiros estão iluminados por eletricidade interna, todas as ruas são escuras mas as lojas são iluminadas por dentro. Então embora pareçam medievais por fora não parecem medievais por dentro. Então mesmo quando está negro do lado de fora no século vinte há uma iluminação brilhante por dentro. Mas não era assim no século dezenove.

Os fogos dos boulets da França as bolotas redondas de carvão comprimido que havia em todas as casas no início do século vinte deixaram de existir por completo mesmo no campo, as grelhas que eram colocadas na lareira e equilibradas com um pedaço de tijolo e cheias com o carvão de mogno que emitia um pequeno e firme calor e realmente nunca parecia mudar noite ou dia não foram mais vistas. E agora aí está 1939 e a guerra e todos querem novamente sua lareira de boulets. Temos uma. Encontramos ainda as grelhas nas lojas locais com o mesmo desenho encaracolado que encontramos no sótão desta casa que data não sabemos de quando. As que estão nas lojas têm exatamente o mesmo desenho, que mostra como eram os desaparecidos fogos dos boulets.

E então um século é feito de cem anos e cem anos não são assim tanto tempo. Qualquer pessoa pode conhecer alguém que se lembra de mais alguém e faz tudo recuar cem anos. Se não pode ser feito em duas gerações, pode facilmente ser feito em três. E cem anos não são assim tanto tempo.

Preocupa um pouco que nossa civilização quando se pensa nela sob a forma de três gerações formando um século não leve tantas gerações para começar.

Um século são cem anos. Todo século tem um começo e um meio e um fim. Todo século é como a vida de qualquer um, a vida de qualquer nação, e isto significa que ele começa tem uma infância tem uma adolescência tem uma vida adulta, tem uma meia-idade uma vida idosa e depois termina.

O século dezenove fez tudo isso, o século vinte está fazendo. Imagino que qualquer século faça.

Começa como uma criança começa arrastando suas nuvens de glória tiradas do século que acabou de existir. Claro que o século vinte fez isso. Apenas uma pequena parte daqueles que existiam no início do século vinte começaram-no como um século vinte e não como um remanescente do século dezenove. Ele começou na incerteza, caminhou com dificuldade, mais como se rastejasse.

E então lentamente atravessou sua adolescência e então veio a guerra mundial, e isto fez todos saberem que não era o século dezenove mas o século vinte.

Perguntei a Madame Pierlot, ela fora criada no campo, era uma provinciana, nunca estivera em Paris, fora a mulher de um adido militar ligado a várias capitais e então exatamente no início do século foi para Paris já mulher de quarenta anos. Eu disse como você se sentiu nessa situação. Ora disse ela fiquei desapontada. Mas por que, ora ela respondeu pensei que não fosse tão fechado quanto os círculos diplomáticos de outros países, achei os franceses de Paris sofisticados e não muito excitantes. E então, acrescentou, descobri que os parisienses eram muito mais interessantes quando encontrados no campo. Parei de vê-los em Paris convidei-os para se hospedarem em minha casa no campo, e então descobri que eram interessantes.

Ela então me contou que da primeira vez em que foi a Paris compareceu a um jantar e se sentou ao lado de Anatole France. Depois de alguns instantes ele disse Madame a senhora não é parisiense sempre viveu na província. Sim ela disse. Isto ele disse é admirável, continue, more em Paris mas continue sempre provinciana.

E então apenas vagarosamente o século começou a atingir a maioridade, a guerra foi um duro combate e fez o século vinte consciente de si. Todos nele conheciam o século dezenove pelo que era.

A França não estivera realmente interessada no século vinte a Inglaterra recusara o século vinte, e agora a guerra mundial fez ambas se convencerem de que o século vinte estava ali, atravessava a agonia que toda adolescência tem de atravessar, sofria como todos os adolescentes sofrem e ali estava ele era o século vinte.

E a França e a Inglaterra depois da guerra começaram um pouco a achar que o século vinte teria de se civilizar. Teria de atravessar aquele período de revolução que toda pessoa jovem atravessa, quando eles acham que os sistemas não serão sistemas mas outra coisa, quando todos têm certeza de que podem reformar a todos basta seguirem o caminho certo para trabalhar nisso.

Este foi o primeiro período de guerra, um período de moda sem estilo, de sistemas com desordem, de reformar a todos o que é perseguição, e da violência sem esperança. Tudo isso é natural depois da adolescência antes do processo de se civilizar de reconhecer o direito de todos a não serem reformados que vem quando as pessoas se tornam adultas.

E agora a França e a Inglaterra esperam fazer essa coisa agora que o século já tem quase quarenta anos e era tempo de se tornar civilizado tempo que começava a ser adulto, tempo de se estabelecer na meia-idade e numa vida agradável e no aproveitamento da vida comum.

Então este livro é dedicado à França e à Inglaterra.

A França que foi o pano de fundo para todos os que estavam excitados e determinados e foram criados pelo século vinte mas nos quais ela própria não estava imensamente interessada naquele tempo. A França realmente prefere a civilização à tumultuosa adolescência, a França prefere que o adolescente aprenda a discrição e a lógica e a civilização e a moda quando sai da adolescência, a França que pensa que infância e adolescência deveriam ser sentidas instintivamente não como um fim em si mas como uma progressão em direção ao estado de ser civilizado. E a Inglaterra que como um menino que não foi para a escola porque sua família não acreditava em nenhuma das escolas que existiam no período e que depois consideravelmente mais velho vai para a escola e muito depressa recupera o que perdeu e ultrapassa os outros que estavam na escola desde o início porque a Inglaterra recusou de fato o século vinte, não acreditou que ele estivesse realmente ali pensou que todos tinham cometido um erro a não ser eles próprios, eles que sabiam que ainda era o século dezenove.

E agora eles sabem.

Este livro é dedicado à França e à Inglaterra que deverão fazer a coisa necessária, vão civilizar o século vinte e torná-lo um tempo em que todos podem ser livres, livres para serem civilizados e para serem.

O século tem agora quarenta anos, velho demais para fazer o que lhe mandam.

Está velho o suficiente para gostar de viver tranqüilamente e bem, para ir para o céu ou o inferno como preferirem, para saber que viver como lhe agrada é mais agradável do que receber ordens.

Então isto é o que a Inglaterra e a França vão fazer e este livro é dedicado a elas porque quero que façam o que vão fazer. Obrigada.

Este livro foi impresso nas oficinas da
DISTRIBUIDORA RECORD DE SERVIÇOS DE IMPRENSA S.A.
Rua Argentina, 171 – Rio de Janeiro, RJ
para a EDITORA JOSÉ OLYMPIO LTDA.
em junho de 2007.
*
75º aniversário desta Casa de livros, fundada em 29 11.1931